Rogério de Simone e José A. Penteado Vignoli

Aero-Willys

o carro que marcou época

São Paulo

EDITORA
ALAÚDE

*O texto deste livro foi fixado conforme o acordo ortográfico vigente no Brasil desde
1º de janeiro de 2009.*

PRODUÇÃO EDITORIAL:
Editora Alaúde

CONSULTORIA TÉCNICA:
Bob Sharp

REVISÃO:
Shirley Gomes

IMPRESSÃO E ACABAMENTO:
EGB - Editora Gráfica Bernardi - Ltda.

1ª edição, 2011

Dados Internacionais de Catalogação na Publicação (CIP)
(Câmara Brasileira do Livro, SP, Brasil)

Simone, Rogério de
        Aero-Willys, o carro que marcou época / Rogério de Simone e José A.
Penteado Vignoli. -- São Paulo : Alaúde Editorial, 2011..

        Bibliografia
        ISBN: 978-85-7881-076-4

        1. Aero-Willys (Automóvel) - História 2. Automobilismo - História
3. Indústria automobilística - História I. Vignoli, José A. Penteado. II. Título.

11-05367   CDD-338.47629209

Índices para catálogo sistemático:
1. Aero-Willys : Indústria automobilística :
História 338.47629209

2011
Alaúde Editorial Ltda.
Rua Hildebrando Thomaz de Carvalho, 60
04012-120, São Paulo, SP
Tel.: (11) 5572-9474 e 5579-6757
www.alaude.com.br

"Eu amo o Brasil e seu povo, que é capaz de fazer as coisas acontecerem sob as mais diversas circunstâncias."

William Max Pearce

AGRADECIMENTOS

Além do trabalho de pesquisa dos autores, um livro histórico sempre conta com a importante participação de pessoas que gentilmente dispõem de seu tempo para enriquecer a obra, às quais somos profundamente gratos.

Pela leitura e revisão dos diversos rascunhos agradecemos aos amigos Ayrton Camargo e Silva, Cláudio Romi Zanaga, João Paulo Ming de Camargo, Artur Berberian e Coaraci Paes de Camargo.

Pela parceria na pesquisa sobre a história da limusine Itamaraty Executivo, somos gratos ao amigo Antonio Sérgio Ribeiro.

Pelo aconselhamento e paciência, agradecemos a Sérgio Berezovsky.

Pela ajuda na pesquisa iconográfica, queremos agradecer Claudia Banus (Cedoc – Anfavea).

Por ceder seus carros para fotografia agradecemos a Patrícia Matarazzo, Marcos Roberto de Moraes, Josué Inoue, Breno Russio Filho, Geronimo Ardito, Frederico Cardillo Hoffmann, Roberto Luiz Martins, Dimas Reynaldo Frasson e Ronaldo Corrêa.

Agradecemos também às seguintes pessoas que, de alguma maneira, colaboraram com a execução desta obra: Luiz Ricardo Lopes de Simone, Luiz Hetessy, José Luiz Vieira e o engenheiro Marcos Mello. E finalmente agradecemos ao pessoal da equipe da oficina Setacar: Renato, Ricardo e Mauricio Vaz.

SUMÁRIO

INTRODUÇÃO

Quanto tempo faz... Eu havia comprado meu primeiro automóvel antigo, um Aero-Eagle 1952 que se perdeu no tempo... Mas a paixão pela história continuou e descobri que meu pai teve um Aero-Willys (que, diga-se de passagem, ele não gostou), e meu avô, um belíssimo Willys-Knight 1931 conversível. Eram outros tempos, nos quais as dificuldades eram enormes e restaurar um automóvel era algo muito, mas muito difícil.

Estávamos em 1985 e, num pequeno anúncio de jornal de sábado lido no domingo, me deparei com a oferta de um Itamaraty 1967. A visita para a compra teve que ser planejada, uma vez que os postos de gasolina não abriam nos fins de semana e a gasolina era cara, por conta da inflação galopante. Depois de um severo interrogatório e da certeza de que o automóvel ficaria no estado original, o negócio foi fechado, e lá fui eu feliz com meu "novo" Itamaraty dourado.

Em 1987, um jovem apaixonado por automóveis me procurou, como fotógrafo, fazendo parte de um grupo de visionários, que, na ocasião, estava lançando uma revista dedicada a automóveis antigos, fora de série, além de outros assuntos relacionados a transporte, coleções e outras coisas "diferentes". Eis que então tinha início a minha amizade com Rogério de Simone, que já era um incansável batalhador em prol da memória do automóvel brasileiro.

Eram outros tempos, em que os automóveis nacionais eram malvistos nas exposições e apenas as grandes marcas poderiam aparecer, assim como seus proprietários, que pouco se importavam com jovens apaixonados por aqueles automóveis brasileiros de "segunda classe".

Recordo-me perfeitamente de quando saiu o primeiro número da revista *Automóveis históricos,* com uma matéria assinada por mim e intitulada "Willys, uma marca de valor" – uma entre outras várias que viriam a valorizar a marca Willys.

Não foi fácil. O Rogério andava de cá para lá com a revista, na esperança de que, com ela já publicada, pudesse ter acesso mais fácil a outras coleções, que lhe renderiam mais matérias. Puro engano. Num evento anual chamado "Subida da Montanha", ele se aproximou de um conhecido colecionador ao lado de rara e brilhante Mercedes-Benz que disparou: "Como você quer que sua revista dê certo se você faz o primeiro número com um artigo sobre Aero-Willys?"

Meu avô, Manoel Penteado, e seu Willys Knight, em 1931.

Rogério não desistiu e hoje pode se orgulhar de, em parceria com a Editora Alaúde, ter participado como autor ou indutor da maior série de livros sobre a história dos automóveis brasileiros já publicada.

Nossa amizade se manteve inalterada por todo este tempo, e o sonho de escrever um livro sobre a Willys continuou existindo; afinal, o que fazer com todo o material recolhido por ambos durante tanto tempo? Como dividir com as gerações futuras essa experiência fantástica que foi a construção do primeiro automóvel verdadeiramente nacional, o Aero-Willys 2600, ou a sensação ao entender o impacto da apresentação da primeira e única limusine fabricada em série (limitada) no Brasil?

Perdoem-me aqueles que pediam para que os nacionais "ficassem deslocados naquele canto" nos antigos concursos de elegância e eventos em geral, perdoe-me aquele colecionador da "Subida da Montanha". Finalmente, os nacionais conquistaram seu valor, são raros, respeitados e causam admiração e saudade.

Demorou, a obra pode não estar completa e pode ter alguns enganos, mas aí está! Como a Willys-Overland do Brasil S.A. teve uma das mais diversificadas linhas de produtos da indústria automobilística brasileira, este trabalho enfoca apenas a história e a origem da empresa e dos sedãs fabricados no Brasil: os modelos da linha Aero-Willys e seus derivados, o Itamaraty e a limusine Itamaraty Executivo, e para uma melhor compreensão da importância da marca no contexto da época são também apresentados no final deste trabalho – de forma resumida – os outros veículos e produtos comercializados pela Willys-Overland, assim como sua importante participação no desenvolvimento do automobilismo nacional.

Boa leitura!

José Antonio Penteado Vignoli

Homenagem a William Max Pearce

William Max Pearce.

Por quantos anos tentei sem sucesso encontrar aquele homem que seria a pessoa indicada para me responder algumas questões sobre a Willys, que me perseguiam e cujas respostas nem sempre me convenciam. Trabalhando no exterior, tive a oportunidade de, com o auxílio de uma colega de Nova York, localizar William Max Pearce em 1995. Ele, um americano nascido em 22 de julho de 1913 no estado de Utah, autodidata em engenharia, administração e economia, piloto de avião que durante a Segunda Guerra não foi enviado para a frente de batalha, mas pilotou o avião *Tycoon* do milionário Henry Kaiser, lendário empreendedor da classe Liberty – navios de carga fabricados em linha de montagem durante a guerra. Foi aí que se iniciou um relacionamento que culminou no convite feito por Edgar Kaiser, em 1955, para vir ao Brasil assumir o cargo de diretor administrativo da nascente Willys--Overland do Brasil, onde chegou a ocupar o cargo de diretor superintendente até a venda da empresa em 1967.

O amigo Mauro Salles o descreveu como um "homem do esporte que transformou Gordinis em carros de competição, fabricou o Interlagos, criou e apoiou a Equipe Willys de Competição... Dava palpites nos treinos... Deixou sua marca pessoal no Jeep brasileiro, na Rural, no Aero-Willys, no Itamaraty, no Willys Itamaraty Executivo...". Percebia-se também o grande respeito que tinha pelos brasileiros, como numa entrevista para a revista *Seleções*, quando relembrou o início de tudo dizendo: "Tínhamos fé... Na inteligência e na habilidade inatas dos brasileiros, fé no seu anseio de aprender, de trabalhar, de vencer".

Casou com uma brasileira, a senhora Carol Pearce, mãe de seus dois filhos (um deles, inclusive, nascido em São Paulo). Ainda permaneceu no Brasil por cinco anos como consultor para a Ford e representante da Kaiser, quando então retornou aos Estados Unidos, vindo a se aposentar em 1974, como presidente da Kaiser Engineers.

Depois de nossa conversa decidimos que as minhas muitas questões poderiam ser enviadas por carta, e a resposta que logo chegou trazia a frase que abre este nosso trabalho: "Eu amo o Brasil e seu povo, que é capaz de fazer as coisas acontecerem sob as mais diversas circunstâncias".

Obrigado, Mr. Pearce.

José Antonio Penteado Vignoli

Capítulo 1

ORIGENS: A OVERLAND

Por ter sido uma empresa muito mais importante do que as pessoas imaginam, rever a história e as origens da Willys-Overland do Brasil passa a ser fundamental para o entendimento da dimensão que a fabricante de automóveis teve como marco na industrialização do Brasil. Também é preciso lembrar a história da marca que iniciou sua trajetória, lançando seu primeiro automóvel sob a marca Overland em 1902, com o mesmo tipo de radiador dos primeiros Renaults, direção por meio de barra inclinada, bom molejo e motor de um só cilindro, resistente, seguro e prático. Quem fabricava esse Overland em pequenas quantidades era a Standard Wheel Company, fabricante de rodas de toda a espécie, que, nessa época, desenvolvia atividades automobilísticas de forma limitada, especializando-se na construção de automóveis com os já comentados motores de um pistão na localidade de Terre Haute, estado de Indiana, nos Estados Unidos.

Em 1905, já com a denominação de Overland Motor Car Company, passou a produzir novos modelos, de dois e de quatro cilindros, agora com volante de direção e velocidade máxima de 50 km/h (no modelo 17). Esses modelos eram denominados 17 e 18, bem diferentes dos até então produzidos pela empresa, que empregavam algumas soluções técnicas apresentadas pelos modelos Ford da época. Nesse período, foram comercializadas apenas vinte unidades, que chamavam a atenção dos poucos proprietários por sua robustez e eficiência.

Overland modelo 17, que apresentou algumas soluções do Ford Modelo T.

A EMPRESA CRESCE.
EIS QUE SURGE MR. WILLYS

Em 1907, em má condição financeira, mas sempre fabricando veículos de qualidade, a Overland recebeu a interessante proposta de um comerciante chamado John North Willys, empreendedor que iniciou a carreira vendendo e depois fabricando bicicletas no estado de Nova York. Como ele havia vendido sozinho toda a produção de automóveis da Overland, e essa se mostrava sem condições de atender aos pedidos, Mr. Willys teve de intervir na administração da Overland para poder honrar as vendas que fizera e a palavra que havia empenhado com seus compradores. Na época as bicicletas eram uma verdadeira febre nos Estados Unidos, e diversos fabricantes passaram a desenvolver também outros produtos – inclusive automóveis –, aproveitando o progresso tecnológico para enfrentar a forte concorrência. Afinal o número de indústrias nesse setor era muito grande.

Outras empresas, como a Rover e a Morris na Inglaterra, a Opel na Alemanha, além da Duryea e a Wilton nos Estados Unidos, iniciaram suas atividades automobilísticas a partir da fabricação de bicicletas.

Apesar da oportunidade de desovar o estoque e dar sequência à produção, a situação financeira da companhia não permitia grandes empreitadas; afinal, a empresa estava à beira da falência, o que levou Mr. Willys, como já dissemos, a praticamente encampá-la e conseguir, com seu prestígio, financiamentos de longo prazo que permitiram a reorganização da produção. Além

O jovem John North Willys assumiu a administração da Overland para organizá-la financeiramente.

disso, também foi fechado um acordo de produção com a Pope Motor Car Company, localizada na cidade de Toledo, no estado de Ohio, que fabricava veículos elétricos desde 1897. Essa associação permitiu reduzir as despesas e tornar viável o custo final dos produtos Overland.

A Pope, propriedade de Albert Pope, assim como John North Willys, também era fabricante de bicicletas, mas a fábrica de Pope, além de liderar a

Fábrica da Pope, em Ohio, nos Estados Unidos.

produção nos Estados Unidos, era modelo no campo da inovação – uma moderna fabricante de bicicletas que usava, por exemplo, rolamentos de esferas nas partes móveis e tubos de aço para os quadros de seus produtos.

Essa verdadeira revolução dentro da Overland incluiu, entre outras ações, uma reforma administrativa que culminou com sua aquisição, através do controle acionário, por John North Willys, na época presidente da American Motor Car Sales, representante de diversas marcas de automóveis. Após tomar posse da Overland, Mr. Willys passou a acumular diversas funções estratégicas na administração da companhia.

Dentro de pouco tempo, a empresa já apresentava lucro, com a produção de 323 carros em 1907 e 465 em 1908, ano em que Mr. Willys, além de detentor do controle acionário, se tornou presidente da empresa.

Já como presidente da Overland, o homem que em poucos anos havia se tornado um dos empresários mais bem-sucedidos no ramo automobilístico mudou a denominação da empresa adicionando seu próprio sobrenome ao então tradicional Overland e criou, em 1909, a Willys-Overland, nomenclatura mantida pela indústria até o final de sua existência, no longínquo Brasil, 59 anos depois.

Em 1909, o primeiro lançamento da companhia sob a denominação Willys-Overland foi um modelo de seis cilindros ao custo de 2.000 dólares, denominado Tipo 34, com êxito enorme. Assim, no mesmo ano, as vendas totais da empresa totalizaram 4.907 unidades. Boa parte desse resultado se devia à produção de motores de quatro cilindros, que já haviam conquistado uma boa posição no mercado.

Tipo 34, o primeiro produto da Willys-Overland. Seu sucesso foi o grande responsável pelo crescimento da empresa.

Uma das estratégias de Mr. Willys para o crescimento de seus negócios consistia em adquirir outras empresas do setor que pudessem alavancar seus empreendimentos. Em 1908, ele adquiriu a Marion (1904-1914), de Indianápolis, fabricante de automóveis, inicialmente com motores transversais e refrigerados a ar, que chegou a produzir até um motor experimental de doze cilindros em "V" e oferecer ao mercado alguns veículos comerciais. Os Marions eram bem-acabados e apresentavam um estilo mais sofisticado do que os outros automóveis americanos na mesma faixa de preço. Em 1913, os automóveis Marion passaram a ser produzidos na fábrica da Willys-Overland em Toledo, Ohio, e é interessante notar que o grupo Willys costumava manter nos seus produtos os nomes originais das empresas compradas. A própria Marion existiu como marca até 1914.

Como já vimos, em 1909, a empresa adquiriu a Pope Motor Car Company (1903-1909), onde passou a produzir os Tipos 38, 40, 41 e 42. Nesse mesmo ano, a Overland produziu 4.907 automóveis, o que a deixou em 8º lugar entre os fabricantes de automóveis americanos, cuja liderança pertencia à Ford, com 17.771 automóveis produzidos.

Overland modelo 38, produzido na fábrica da Pope.

A Willys-Overland continuava a crescer e adquirir, na época, diversas empresas ligadas ao setor automobilístico, como a fabricante de chapas de aço Kinley Manufacturing Company, a fábrica de engrenagens Warner Gear Company, a fábrica de transmissões Morrow Manufactoring Company (depois denominada Willys-Morrow) e, finalmente, para garantir o suprimento das partes elétricas, a Electric Auto-Life Company. Quanto aos carburadores, criou a Tillotson Carburetor Company, dirigida por Harry Tillotson, antigo vendedor da tradicional fabricante de carburadores Stromberg, além de importantes participações acionárias na Curtiss Aeroplane e na Duesenberg Motors.

O que era uma simples fábrica de automóveis se tornou um grupo de empresas ligadas à produção de automóveis bastante complexo chamado Willys Corporation. O resultado dessa política se refletiu imediatamente na produção e nas vendas, que cresciam continuamente. Em 1910, a Willys-Overland já ocupava a terceira posição entre os fabricantes de automóveis americanos, com 15.598 unidades produzidas. Vale lembrar que todo o mercado estava crescendo. No mesmo ano, a Ford produziu 32.053 automóveis. Em 1911, Mr. Willys resolveu reunir em Toledo todo o parque industrial da companhia, que deixava então sua terra de origem, Indianápolis. A empresa permaneceu em Toledo durante longos anos, produzindo nessas mesmas instalações automóveis de outras marcas.

Apostando na modernidade, em 1912 a Willys apresentou um novo modelo com a marca Overland – um cupê fechado denominado 61C com dupla ignição Bosch, faróis a gás e luzes elétricas nas colunas dianteiras. O crescimento continuava em ritmo acelerado, e já nesse ano a Willys se tornou a segunda maior fábrica de automóveis dos Estados Unidos, com 28.572 unidades produzidas. A Ford continuava na liderança com nada menos que 78.440 unidades fabricadas. Essa posição seria mantida também no ano seguinte, 1913, com o grupo Willys fabricando 37.422 unidades, contra 168.220 da Ford.

Um novo campo passou a ser explorado; em 1913 a Willys adquiriu de Edwards Knight a empresa Edwards Motor Car Co., juntamente com os direitos de fabricação de motores com o sistema Knight. Foi então constituída a Willys--Knight, destinada a produzir automóveis com essa tecnologia. A Willys foi a primeira grande fábrica americana a acreditar no projeto Knight, que também foi utilizado por pequenos fabricantes como Stearns, Stoddart-Dayton e Columbia. Mantendo a longa série de veículos de quatro cilindros, foi apresentado em 1914 um novo modelo, identificado como 79, também de quatro cilindros, e vendido a um preço inferior a 1.000 dólares. O 79 obteve êxito imediato e foi um sucesso de vendas.

Modelo 79, que tinha preço abaixo de 1.000 dólares e foi um dos maiores sucessos da Willys-Overland.

O SISTEMA KNIGHT E A WILLYS-OVERLAND

Usando o sistema criado por Charles Yale Knight em 1909, o primeiro automóvel com a marca Willys-Knight foi lançado em 1914 e possuía motor de quatro cilindros com o sistema Knight, que substituía as válvulas circulares pelo sistema de camisas deslizantes. Em outros sistema as válvulas são responsáveis pela admissão da mistura ar-combustível e pelo escapamento dos gases produzidos pela combustão, mas o motor Knight possuía duas peças côncavas de metal (denominadas camisas) que abraçavam cada cilindro e deslizavam entre eles e o bloco do motor, fazendo com que a admissão da mistura entrasse por um orifício na parte superior dessas camisas, e os gases saíssem por outro orifício na parte inferior dessas mesmas camisas; assim as camisas deslizantes substituem as válvulas. Esse sistema evita o de-

pósito comum de resíduos nas válvulas e mantém sempre a
mesma compressão; a câmara hemisférica, por sua vez, pro-
porciona uma eficiência maior na combustão, além de um
funcionamento extremamente silencioso; porém as mínimas tolerâncias mecânicas exigidas, os altos custos
para produzi-los e o pagamento de *royalties* não
permitiram a popularização do sistema, que foi
importante na época, inclusive por causa da qualidade da gasolina que fazia com que os motores
convencionais (com válvulas) fossem barulhentos e
as válvulas emperrassem constantemente, necessitan-
do de regulagem frequente, isso quando não tinham de
ser substituídas após alguns poucos milhares de quilômetros rodados. A melhora da qualidade dos combustíveis
e dos lubrificantes, o desenvolvimento na produção de

Esquema de funcionamento do motor
Knight com camisas deslizantes, que
substituíam as válvulas.

materiais mais confiáveis e o custo de fabricação inferior foram alguns dos
fatores que acabaram fazendo prevalecer os motores com válvulas circulares
na indústria automobilística.

O sucesso das vendas deste primeiro modelo Willys-Knight em 1914
foi tão estupendo que superou em números a venda de todas as outras fabricantes de automóveis que também detinham a licença para a fabricação
dos motores Knight. Em 1916 a Willys decidiu comprar as licenças sobre as
patentes da tecnologia Knight.

A maior parte da produção da Willys continuava concentrada nos tradicionais motores de quatro cilindros com válvulas laterais; porém, em 1915,
passou a ser produzido e oferecido um motor de seis cilindros para sua linha de
automóveis, que resultou no aumento das vendas e ajudou a manter a Willys
na segunda posição no mercado, com 91.904 unidades produzidas, atrás apenas da Ford, que mantinha a liderança, com 501.462 unidades fabricadas.

Foi também em 1915 que John North Willys resolveu construir um
suntuoso prédio para a administração da empresa em Toledo. Esse edifício
abrigou a empresa durante mais de sessenta anos até sua implosão em agosto
de 1979.

Dois anos depois, em 1917, baseando-se no sucesso dos modelos de
seis cilindros, a Willys resolveu lançar um motor de oito cilindros em "V",
porém, os resultados de vendas espera-
dos não foram alcançados. Apesar disso,
a segunda colocação em veículos produzidos se manteve até 1918, quando
os problemas começaram a aparecer —
a empresa não conseguiu sustentar o
ritmo de crescimento que vinha apresentando e foi vítima de seu próprio
sucesso. Sem manter o mesmo nível de

Willys com motor V-8: vendeu pouco e logo saiu de linha.

Prédio da Willys-Overland, inaugurado em 1915, demolido em 1979.

produção, a empresa foi superada por alguns concorrentes e, em 1919, caiu para o 5º lugar, ficando atrás da Ford, da Chevrolet, da Buick e da Dodge. A produção, que tinha sido de 88.753 em 1918, caiu para 80.853 em 1919, o que demonstrou claramente que outros fabricantes estavam mais organizados e preparados para enfrentar um mercado cada vez mais concorrido. Alguns autores indicam que a Willys foi vítima da própria diversificação e do grande número de empresas que controlava. Para se ter uma ideia do ponto em que chegou essa diversificação de negócios, além de todo o grupo de empresas ligadas ao setor automobilístico, Willys chegou a deter nessa mesma época o controle da fábrica de aviões Curtiss Aeroplane and Motor Company.

ANOS DE CRISE

A produção melhorou em 1920, com um total de 105.025 automóveis fabricados, porém caiu muito em 1921 quando fabricou somente 48.016 automóveis, o que colocou a Willys em 6º lugar no *ranking* dos fabricantes. De fato a empresa passava por frequentes dificuldades, e a forte oscilação na produção era o reflexo claro dessa situação. Além dos próprios problemas, no início dos anos 1920, uma crise no mercado de automóveis usados, criada pelo excesso de crédito e pela falta de vendas (liquidez), levou a diretoria da Willys a decidir que as empresas do grupo fossem reunidas sob uma única empresa *holding* denominada Willys Holding Corporation, numa tentativa de assim reduzir custos e centralizar as decisões. Apesar disso, a difícil situação financeira tinha como consequência a dificuldade na rolagem de suas dívidas de cerca de 30 milhões de dólares junto ao mercado.

A situação se mostrou tão grave que uma das empresas credoras, a Chasecurities Company fez uma intervenção branca, contratando, com a missão de superar os problemas que estavam prejudicando a Willys, um profissional chamado Walter P. Chrysler*, que assinou um contrato de dois anos com uma remuneração de 1 milhão de dólares por ano. Para que se possa

O início dos anos 1920 foram difíceis para a Willys e para a indústria americana em geral. Na foto, o Willys modelo 20, de 1921.

ter uma ideia do que representava esse valor na época, um Ford modelo T Runabout custava por volta de 395 dólares. Chrysler agiu com mão pesada no seu plano de reorganização, cortando pessoal e vendendo ativos para pagar os credores. A empresa saiu da situação mais fortalecida e atuando já num mercado crescente, o que permitiu trazer Mr. Willys de volta ao controle da empresa, que havia se afastado da administração durante a intervenção. Apesar de todos os esforços, por volta de 1923, os problemas financeiros voltaram e acabaram gerando uma disputa pelo controle acionário da empresa. A Willys Holding Corporation detinha cerca de um terço das ações com direito a voto da Willys-Overland Company, e dois grupos estavam fazendo ofertas por esse grande lote de ações, que daria ao vencedor o controle da empresa, uma vez que ela estava, mais uma vez, à beira do colapso. A Willys era a maior empresa do estado de Ohio e dominava a cidade de Toledo, dando emprego a milhares de operários e produzindo por volta de mil automóveis por dia numa demanda crescente. Ao final, saiu vencedora a proposta de Thomas H. Tracy, que tinha o apoio de Mr. Willys, em detrimento do outro competidor, Henry L. Thompson, que era presidente do Conselho de Administração da própria Willys. O juiz respon-

Walter P. Chrysler, responsável pela reorganização da empresa entre os anos de 1920 e 1922.

---

* Em 1924, Walter P. Chrysler formaria uma sociedade denominada Maxwell-Chalmers Corporation, que, unida com outros empreendedores, passaria em 1925 a se chamar Chrysler Corporation, tornando-se um dos três grandes grupos da indústria automobilística americana.

sável pelo processo de disputa aceitou a proposta de 3,5 milhões de dólares feita pelo grupo de Tracy, uma vez que as cláusulas do contrato de compra protegiam outras partes interessadas, como os acionistas preferenciais e a própria Willys Holding Company, empresa-mãe de todo o grupo.

Apesar de toda a situação, foi nessa época que a Willys assumiu uma posição acionária relevante na Duesenberg, fábrica de automóveis de alto luxo, o que fez a produção da Willys dar um salto em qualidade – de acordo com um artigo publicado na *Revista de Automóveis* de outubro de 1957 (única fonte com essa informação). As coisas estavam voltando a se normalizar. A produção ascendente levou a Willys a ocupar a 4ª colocação entre os fabricantes americanos em 1923, posição mantida até 1926, quando voltou ao 6º lugar. Em 1928, porém, subiu ao 3º lugar com a produção de 351.000 veículos, incluindo aí o pequeno Whippet, modelo que será comentado mais adiante. Nessa época, além dos tradicionais líderes Ford e Chevrolet, o mercado apresentava também importantes competidores, como os fabricantes Buick, Chrysler, Dodge, Studebaker, Hudson/Essex e Durant.

Nesse período, a Willys voltou a colocar no mercado somente veículos de quatro cilindros com motores convencionais ou usando o sistema Knight e manteve por mais algum tempo um bom índice de vendas.

Willys Knight 1923, bem aceito no mercado americano.

Nesse período, para diversificar seu mercado consumidor, a Willys--Overland se associou à Crossley da Inglaterra e formou a Willys-Overland Crossley, que passou a fabricar, entre outros, o Willys-Overland Four (1924), com motor Morris Oxford, exclusivamente para o mercado inglês. A empresa também adquiriu a F.B. Stearns Company (1925), além de, através da Falcon Motor Corporation of Elyria de Ohio, uma empresa independente que financiava, produzir o Falcon Knight.

O WILLYS WHIPPET
E A SAÍDA DE MR. WILLYS

O Whippet (nome que faz referência a uma raça de cachorro), oferecido inicialmente como um pequeno quatro-cilindros, logo também era oferecido na versão de seis cilindros. Essa nova marca de automóveis do grupo Willys foi um verdadeiro sucesso de vendas em 1928, quando foram comercializados 310.000 automóveis, fazendo a Willys ocupar o 3º lugar entre as fabricantes.

O Willys Whippet 1928.

Em julho de 1929, John North Willys, um empresário que falava francês fluentemente e que tinha facilidade de discursar sobre o mundo da indústria do automóvel e dos negócios americanos em geral, estava se retirando do mundo automobilístico, ao vender a totalidade de sua participação na Willys-Overland Holdings para investidores de Chicago e de Toledo. Mr. Willys se retirou do mundo automobilístico por não acreditar que o *boom* desse mercado duraria para sempre. John North Willys sempre teve seu nome lembrado para assumir a representação dos Estados Unidos em diversos países do mundo, sendo então designado embaixador na Polônia em 1930. Apesar da venda da empresa, o já consagrado nome Willys continuou a designar os automóveis, inclusive os de categoria, como o Willys-Knight Great Six de 1929, com desenho assinado por Northrop. Apesar de todas estas novidades, Mr. Willys ainda voltaria...

O luxuoso Willys Knight Great Six 1929.

OS ANOS 1930

No início da década de 1930, a Willys não deixou de ser afetada pela crise econômica mundial, iniciada com a quebra da Bolsa de Nova York, e pelo avanço da tecnologia, uma vez que os motores com válvulas eram cada vez mais aperfeiçoados, deixando claro que a onerosa produção dos motores Knight deixava de ser economicamente viável. Se tudo isso já não fosse suficiente, o encerramento da produção da Stearns e da Falcon causou enorme prejuízo para o grupo.

Insistindo na viabilidade dos motores Knight, a Willys lançou em 1929 o já citado Great Six, um modelo grande e luxuoso, com possibilidade de escolha entre dois motores de seis cilindros com diferentes potências e duas diferentes medidas de chassi. Foram, no entanto, lançados na hora errada, bem no momento do estouro da crise de 1929, e consequentemente não obtiveram êxito, devido ao seu custo elevado. Também foi lançado o modelo Eight, que sofreu dos mesmos males dos seus irmãos menores, os Six.

As vendas caíam vertiginosamente após a saída de Mr. Willys, e em 1931 foram vendidos somente 17.961 Whippets, ou seja, uma queda de 135.000 unidades em comparação ao ano anterior. A Willys nesse ano foi a 7ª maior produtora de automóveis dos Estados Unidos, com 65.800 unidades, contra a Ford, com 615.455 unidades, e a Chevrolet, com 619.554.

O sistema Knight já não fazia tanto sucesso, porém a Willys insistia na sua produção, apesar de reduzir a importância desse tipo de motor na sua linha de produtos. Também deve ser lembrado que em 1932 caíram as proteções das patentes Knight, e essa tecnologia passou a ser de domínio público. A produção declinou ainda mais, com apenas 27.800 unidades produzidas.

Quando as vendas começaram a se recuperar, a Monroe Auto Equipment entrou com um pedido de recebimento de débito contra a Willys, o que gerou pânico entre fornecedores e bancos.

Corria o ano de 1933, e a situação financeira da empresa agravou-se a tal ponto que a Willys literalmente quebrou. A produção foi reduzida a apenas um modelo: o pequeno, porém chamativo 77, que era dotado de freios hidráulicos e carroceria aerodinâmica, com o preço mais baixo alcançado pela fábrica, entre 395 e 445 dólares. Na mesma época, a empresa formou um contrato com a Hupp Motor Car Corporation, que passou a fabricar o Modelo 77 sob o nome de Aerodynamic, além de distribuir os produtos Willys e Citroën através da sua rede de revendedores. Como consequência da nova crise, foram produzidos os últimos Overland e Willys-Knight. A

Willys modelo 77, o único carro produzido pela empresa em época de profunda crise.

empresa passou a operar, então, sob intervenção judicial e em regime de dia a dia, com supervisão cerrada de suas atividades. Um novo presidente, David R. Wilson, foi empossado pela justiça, e a empresa entrou em 1934 oferecendo somente três modelos, sempre derivados do pequeno 77, ao mercado, com mínimas modificações autorizadas pelo juízo.

Vendo a situação de longe, Mr. Willys, inconformado com os rumos que a empresa que levava seu nome estava tomando, resolveu deixar a representação americana na Polônia para retornar aos Estados Unidos e tentar ajudar na recuperação da empresa. Como bom homem de vendas, foi de país em país, de fornecedor em fornecedor, visitou distribuidores e a todos pediu calma, paciência e otimismo. Seus movimentos o reconduziram à presidência da empresa, quando em 1935 um grupo de acionistas preferenciais assumiu o controle da empresa. O tempo, porém, foi insuficiente para recompensar os esforços de Mr. Willys, que faleceu em 26 de agosto de 1935, vítima de um ataque cardíaco em sua casa, deixando seu nome marcado para sempre no mundo da indústria automobilística.

O nome de John North Willys ficaria para sempre registrado na história da indústria automobilística.

Tivesse sobrevivido alguns meses apenas, Mr. Willys teria visto a operação que permitiu a recuperação da empresa, quando um antigo colaborador, Ward Murphey Canaday (1902-1991), formou a Empire Securities Inc. em setembro de 1935, para assumir as obrigações da Willys. Esse arranjo, aceito pela justiça, fez surgir a Willys-Overland Motors, que assumiu os ativos da antiga Willys-Overland Company, iniciando sob a presidência de Canaday uma nova era para a Willys.

Os reflexos foram imediatos, com a injeção de capital na empresa, o que tornou possível o lançamento dos modelos de 1936 com diversos melhoramentos e com o incrível preço de somente 395 dólares. Também obteve reconhecimento, com a primeira colocação no teste de consumo promovido pelo Gilmore-Yosemite Official Economy Run, o que ajudou na divulgação da qualidade do produto.

Em 1937, um novo carro denominado Modelo 39 substituiu o Modelo 77 com um desenho muito moderno para a época, além de um ótimo aproveitamento do espaço interno e um preço muito interessante em relação ao produto ofertado – 499 dólares.

A produção aumentava, os produtos tinham boa aceitação, pois demonstravam ter qualidade, e assim a empresa voltou a apresentar lucro depois de ficar muitos anos no vermelho e à beira da total insolvência. Apesar disso, ainda era uma empresa frágil e que sofria muito a cada movimentação do mercado, como a que ocorreu em meados de 1938, fazendo suas vendas despencarem 70 por cento. Uma economia americana ainda frágil, apesar do plano denominado New Deal, não resistiu naquele momento a um indício

Willys modelo 39: carro moderno com bom preço de mercado.

de recessão que fez com que a economia entrasse em colapso, com reflexos em todos os setores; especificamente no automobilístico, tal situação levou a uma queda de 40 por cento na produção de automóveis e caminhões. Foi uma das maiores quedas de produção havidas até então.

Interessante notar a movimentação dos executivos da área automobilística da época, já que vários deles se tornaram empreendedores do setor. Como exemplo pode-se citar que em 1939 assumiu o cargo de presidente da Willys o senhor Joseph Washington Frazer, ex-vice-presidente da Chrysler e futuro sócio de Henry Kaiser na Kaiser-Frazer. Parte desses personagens se encontrarão no futuro, como poderemos ver mais adiante...

A SEGUNDA GUERRA E O AMERICAR

Modelo 440, com três anos de garantia.

Em 1940, foi criado o Modelo 440, que viria a substituir as linhas anteriores com diversos melhoramentos, novo desenho e apelo que acertou em cheio os desejos do público, ou seja, uma garantia de 160.000 quilômetros, ou três anos, o que nenhum outro fabricante oferecia, resultando num incremento de vendas tal que, em abril de 1940, as vendas chegaram a 73 por cento acima de todas as vendas de 1939!

Em 1941, com algumas modificações, o carro ganhou um nome, Americar – curto, fácil de lembrar e, devido ao momento político em que vivia o mundo, patriótico.

No mesmo ano, a Willys estava muito envolvida com a indústria de defesa através de um veículo denominado General Purpose (para uso geral), que se tornou conhecido pelas iniciais dessa expressão, G.P., e mais tarde, por transcrição fonética, passou a ser denominado Jeep. Ainda em 1941, com a colaboração da Ford, o Jeep passou a ser produzido juntamente com o Americar, sendo que os dois usavam o mesmo tradicional motor Willys de quatro cilindros.

O inconfundível Willys Americar de 1941.

Em 1942, o Americar passou a ter a versão 442, o carro do povo, que, com sua já conhecida economia, proclamava através da propaganda *"Save Gas for Uncle Sam – Drive a Fuel Saving Willys Americar!"* (em tradução livre, "Economize gasolina para o Tio Sam – Guie um econômico Willys Americar").

O ataque japonês a Pearl Harbor e a entrada dos Estados Unidos na Segunda Guerra Mundial fizeram a produção do Americar se encerrar em 24 de janeiro de 1942, depois que 11.910 Americar versão 442 haviam sido produzidos. Entretanto, esse filão dos carros pequenos para o padrão americano e econômicos não continuou igual depois da guerra. Nesse momento, a demanda por carros grandes e potentes não condizia com a concepção de mercado que a Willys e outras indústrias acreditavam, ou seja, produzir e vender automóveis compactos, leves, econômicos e com bom desempenho.

AERO, UM COMPACTO PARA O PÓS-GUERRA

Em 1952 a *Enciclopédia Britannica*, no seu Book of the Year (com eventos de 1951), trouxe em destaque a informação de que a Willys-Overland havia lançado o seu primeiro sedã desde 1942, quando se encerrou a produção do Americar. No ano de 1951 a indústria automobilística americana havia produzido 5,3 milhões de automóveis, porém esse número era menor do que o do ano anterior, quando um novo recorde havia sido batido, com a produção de 6,7 milhões de automóveis. Esses expressivos números eram o reflexo claro da demanda reprimida pelos anos da guerra, quando não havia produção normal de automóveis de passageiros.

Tal diminuição se deveu à criação da National Production Authority (NPA), que controlava o abastecimento de matérias-primas, canalizadas naquele momento para a indústria bélica, cujo plano era construir 50.000 aviões e 35.000 tanques por causa da Guerra da Coreia (1950-1953), dentro do contexto da Guerra Fria iniciada em 1949.

Porém a história do Aero começou antes disso, na mente do executivo da indústria automobilística Clyde Paton, um engenheiro formado pela Universidade de Michigan, que trabalhou cinco anos na Studebaker e se tornou engenheiro-chefe da Packard, onde trabalhava desde 1930. Em outubro de 1945, Henry Ford II trouxe Paton para auxiliá-lo na reorganização do Departamento de Engenharia da Ford no pós-guerra. Então Paton acreditou poder ser o futuro engenheiro-chefe da empresa, cargo que acabou sendo ocupado por Harold T. Youngren, ex-engenheiro-chefe da Oldsmobile. Durante esse período, Paton esteve indiretamente ligado ao projeto de um carro leve que a Ford estava projetando, e foi nessa época que ele passou a acreditar que o mercado automobilístico do pós-guerra seria favorável a automóveis menores, coincidindo com o que também achava a diretoria da Willys, baseada na feliz experiência com o Americar antes da guerra.

No alto: o estilista Brook Stevens. Embaixo: o então presidente da Willys-Overland, Ward M. Canaday.

Nesse mesmo período, mais precisamente em 1943, a Willys já planejava produzir um novo automóvel de passageiros quando Brook Stevens (estilista futuramente ligado à história da Willys-Overland do Brasil, como veremos mais adiante) atuava como consultor de estilo na empresa. O presidente da Willys, Ward M. Canaday, assim como outros executivos, acreditavam que o mercado de automóveis de passageiros no pós-guerra seria praticamente ilimitado. Esse mesmo pensamento fez surgir o braço automobilístico do grupo industrial Kaiser, que tinha a produção de alumínio e a indústria naval entre suas diversas atividades e que mais tarde também fez parte da história da Willys. Foi no período da guerra (1939-1945), quando Paton estava trabalhando na construção da fábrica de motores de aviação Allison (GM), também em Toledo, que o engenheiro teve oportunidade de entrar em contato com o pessoal da Willys.

Já em outubro de 1946, sem enxergar futuro para sua carreira na Ford e sem ver se desenvolver o projeto de um automóvel leve (que acabou sendo lançado na França com o nome de Ford Vedette), Paton resolveu se retirar da Ford e abrir seu próprio escritório, onde poderia desenvolver o projeto do tipo de automóvel que continuava a acreditar ser o meio de transporte ideal para toda família americana no pós-guerra – o carro pequeno.

Entre os anos de 1947 e 1950, ele se dedicou a preparar e apresentar seus planos e suas patentes sobre o pequeno carro para quem se dispusesse a ouvi-lo, o que não era difícil, pois gozava de boa reputação nos meios automobilísticos.

Quem auxiliou Paton no projeto do tão sonhado compacto e preparou os primeiros esboços para ajudar na venda do projeto foi Philip Wright, projetista de automóveis que conheceu Paton por volta de 1939, quando ambos trabalharam no projeto do primeiro Packard Clipper.

Wright era conhecido pelo projeto do Pierce Silver Arrow 1933, por ele concebido quando era um jovem desenhista na Murphy Body Company e depois na General Motors. Ao ser dispensado da General Motors em 1932, levou consigo um inacabado projeto para o amigo e antigo colega de trabalho Roy Faulkner. Ambos haviam anteriormente colaborado com E.L. Cord, e agora Faulkner era vice-presidente de vendas da Pierce-Arrow e logo reconheceu as belas e futurísticas linhas conceituais apresentadas por Wright. Acredita-se que cinco exemplares desse carro-conceito tenham sido construídos, e o público os conheceu no Salão do Automóvel de Nova York de 1933 e na Feira Mundial de Chicago.

Paton tinha em mente vários projetos do que poderia vir a ser o automóvel compacto de monobloco que, na sua visão, representaria parte importante do mercado automobilístico do pós-guerra. Durante algum tempo, ele acreditou que teria o apoio financeiro de um grupo independente para desenvolver seu projeto, mas isso não se concretizou, e ele acabou procurando as empresas automobilísticas já estabelecidas.

Em 1948, apresentou pela primeira vez seus projetos para o já citado presidente da Willys, Ward Murphey Canaday, que naquele momento demonstrou interesse pelas ideias do engenheiro. Esse interesse, porém, não surtiu efeitos imediatos, pois Paton teve de esperar uma decisão por parte da empresa durante dois anos. Já em 1949, Paton se aproximou da Packard

Enquanto o novo carro compacto não chegava, a Willys se virava com a produção do Jeep.

e da Nash sem deixar de retornar à Willys, que continuava planejando voltar ao mercado de sedãs leves, fazendo uma tentativa em meados de 1947, com o projeto de um modelo denominado 6-70, que nunca passou do estágio de protótipo.

O fato é que a empresa continuava muito ocupada produzindo e vendendo Jeeps e suas diversas variações criadas no pós-guerra, incluindo o conversível Jeepster, produzido de 1948 a 1951.

WARD MURPHEY CANADAY

Ward Murphey Canaday, também conhecido como o "pai do Jeep", foi um influente membro da comunidade de Toledo. Formado pela Universidade de Harvard, começou sua carreira revolucionando a indústria de utensílios domésticos ao oferecer crédito para que mais pessoas pudessem comprá-los. Esse método foi mais tarde transposto para a indústria automobilística através de planos de financiamento para a compra de automóveis, aumentando consideravelmente o número de consumidores.

Canaday começou seu trabalho na Willys Overland Company em 1916, assumindo a posição de diretor de propaganda na então jovem indústria. Canaday trabalhou mais de meio século na companhia com o estabelecimento da primeira empresa de crédito automobilístico, tendo alcançado o cargo de presidente do conselho e, posteriormente, de presidente da companhia durante a reorganização que se deu durante os difíceis anos da década de 1930, ocasião em que a empresa mais uma vez quase faliu. Um dos maiores sucessos da carreira de Canaday foi justamente a criação do Willys MB, que viria a ser o Jeep e teve importante contribuição na eficiente máquina de guerra americana durante a Segunda Guerra Mundial. Após a guerra, em 1946, Canaday já possuía 52 por cento das ações da empresa, e sua família, outra importante parte do capital. Era de fato o dono da Willys.

Hoje Canaday é lembrado através da Canaday Family Charitable Trust, que ajuda financeiramente entidades sem fins lucrativos que se dedicam à educação de crianças e à conservação do meio ambiente nos EUA.

Importante lembrar que Canaday estava naquele momento discutindo a volta da empresa para o mercado de automóveis de passeio, com vários outros projetistas e desenhistas, tais como Brook Stevens (que foi o desenhista do Jeepster, da frente da Rural no Brasil e depois do Aero 2600), Bob Andrews, Art Kibiger, além de Clyde Paton, que é o personagem que nos interessa.

O PROJETO DE PATON
VAI PARA A WILLYS

Em janeiro de 1949, uma conversa por telefone entre Paton e Canaday resultou numa reunião entre eles e George Ritter, vice-presidente do conselho da

Willys. Porém, somente em junho de 1950, Paton foi convidado a trabalhar na Willys como consultor, para o desenvolvimento do tão sonhado compacto.

Coincidentemente o já citado Phil Wright publicou um artigo na revista *Road & Track* de março de 1950 intitulado "A present day 'Model A' ", no qual apresentava um compacto conversível de duas portas, que tinha em suas linhas muitas das ideias de Paton, o que demonstrava que Wright continuava de acordo com as ideias do amigo.

Canaday leu o artigo e ficou bastante impressionado, o que o levou a questionar Paton sobre a possibilidade de Wright vir a ser o desenhista do novo automóvel. Dois dias após Paton ter aceitado o novo desafio de trabalhar na Willys, Wright foi contatado e con-cordou em se juntar ao time dedicado ao novo projeto, que passou a se chamar Wing, o primeiro nome daquela série de automóveis que em pouco tempo passaria a ser conhecida por Aero.

Wright trabalhou arduamente de julho a outubro. O Wing seguia os prin-cípios e os desenhos apresentados ante-riormente na *Road & Track*. O modelo de argila foi preparado nas oficinas da empresa Murray Corporation em De-troit (a Willys na época não possuía de-partamento de modelagem para moldar os contornos do novo modelo) e ficou pronto no início de outubro de 1950 para ser levado à aprovação final pelos diretores da Willys.

O protótipo 6-70, de 1947, nunca chegou a ser produzido, mas servia de inspiração para o novo automóvel de passeio da Willys que, em 1952, se transformou no Aero-Willys.

Todos acreditavam que esse modelo seria aprovado pela diretoria, uma vez que esse procedimento de apresentação era na verdade algo protocolar, mas não foi isso que aconteceu. A diretoria simplesmente não gostou do mo-delo e ele foi sumariamente rejeitado. A diretoria, entre outras críticas, queria uma traseira mais definida, com mais personalidade, e um logotipo forte que diferenciasse a esperada e nova linha de automóveis da marca Willys de seus outros produtos da época, pois, por serem todos ligados ao trabalho (fora o Jeepster), temia-se que os futuros compradores associassem o modelo ao Jeep, o que se mostrou inevitável. Como veremos mais à frente, o logotipo escolhido tem uma história curiosa.

Não havia outra solução a não ser a mudança do estilo, e a direção da Willys deu apenas sete dias para que o novo modelo em argila fosse apresen-tado. Nessa situação, e recebendo 1.000 dólares por dia de trabalho (o que na época não era pouco dinheiro), Wright resolveu chamar dois modeladores, Bill Mitchell e Caesar Testaguzza, que trabalharam sete dias e sete noites para conseguir criar o novo modelo. Esse trabalho também foi realizado na Murray de Detroit, e curiosamente o também compacto Hudson Jet estava nascendo numa outra sala na mesma empresa.

Nesse novo modelo, a grade dianteira, muito rebuscada no modelo anterior, foi substituída por uma simples faixa de metal cromado. Também foram criados os rabos-de-peixe, estilo muito apreciado na época. As linhas básicas das portas, dos para-choques, dos vidros etc. foram mantidas.

A nova versão foi então apresentada em 17 de outubro de 1950, justamente uma semana depois da apresentação do primeiro modelo, e dessa vez foi aprovada. Interessante nesse momento foi o toque dado por Billl Mitchel, que esculpiu um "w" em madeira e o recobriu com metal, colocando-o no centro da grade com a intenção de criar um apelo junto a Ward Murphey Canaday, que acabou gostando tanto do emblema que determinou sua colocação também nas calotas, na tampa do porta-malas e no botão da buzina.

Mas a escolha dos ornamentos não parou por aí, pois Mitchel já havia descartado uma verdadeira escultura em forma de caça a jato que seria colocada sobre o capô. Quando Canaday viu a peça e perguntou por que havia sido jogada fora, Mitchel simplesmente respondeu que a peça era muito feia. Canaday respondeu que ele administrava a companhia e tinha gostado da peça, decidindo que o ornamento seria usado em todos os modelos como standard ou opcional! Nas propagandas, a peça era chamada de "plane wing" (asa de avião).

Quanto à motorização, todas as propostas feitas por Paton foram recusadas pela direção da Willys por serem muito caras. A Willys na verdade não queria investir num novo motor, já que, em 1947, tinha construído um novo motor denominado 675, ou Lightning-head, de seis cilindros e válvulas laterais com 75 cv de potência, que era usado nas station wagons. A solução foi encontrada pelas mãos do engenheiro da Willys, Barney Roos, que em 1950 havia desenvolvido um cabeçote dotado de válvulas de admissão, a concepção F-head, denominado 685, ou Hurricane, o que permitiu que a potência fosse aumentada para 90 cv. Era na época o menor motor de seis cilindros produzido nos Estados Unidos pela empresa Hupp Corporation (antiga fabricante dos automóveis Hupmobile), que produzia e montava os motores por conta de um contrato firmado com a Willys.

NASCE A SÉRIE AERO

Os primeiros protótipos eram sedãs de duas portas e foram enviados para testes de estrada em 4 de abril de 1951 já com o nome de Aero, incorporado como um prefixo ao nome anterior, batizado portanto de Aero Wing. Os três veículos experimentais foram exaustivamente testados em uma viagem através de 48 estados americanos numa média de 83 km/h, cobrindo um total de 167.000 km.

A revista americana *Time* publicou em novembro de 1951 um artigo anunciando o lançamento de uma nova linha de automóveis denominada

Aero totalmente diferente de um Jeep ou de um Jeepster, apesar de ser produzida pela Willys-Overlad Motors, Inc. Isso já demonstrava a preocupação com a relação que os consumidores poderiam fazer entre os automóveis
recém-criados e o produto mais famoso da empresa. Muitos anos depois, isso
também ocorreria no Brasil, onde se costumava dizer que o Aero-Willys era
"um Jeep de casaca".

Os modelos da linha genericamente chamada de Aero, em sentido horário:
Aero Ace, Aero Lark e Aero Eagle.

Finalmente, em 19 de janeiro de 1952, foi apresentada a nova linha de
automóveis de passeio da Willys com quatro modelos sedã de duas portas: o
Aero Ace e o topo de linha Aero Eagle (apresentado somente em 5 de mar-
ço), que usavam o motor Hurricane (90 cv), além dos modelos Aero Wing e
Aero Lark (apresentado somente no dia 21 de março), que usavam o motor
Lightning (75 cv).

Além da motorização, as diferenças estavam basicamente no acabamento e na área envidraçada, que por conta do formato do teto podia oferecer ou
não uma visão panorâmica. No caso do Aero Eagle, além de ter uma grande
área envidraçada, o modelo também era um cupê sem colunas, ou seja, um
hardtop cupê.

A imprensa especializada recebeu bem os novos automóveis, e a revista
Science and Mechanics, na edição de junho de 1952, trouxe comentários positivos sobre o teste realizado em janeiro do mesmo ano pelo Motor Vehicle

Research, tais como a sensação de se estar num carro grande com baixo centro de gravidade e bom comportamento nas curvas, apesar de comentar alguns detalhes como o rádio distante do motorista, o curto curso de abertura do porta--luvas devido à sua forma de gaveta, com o risco de cair e o barulho do vento em altas velocidades, comum em todos os automóveis. Quem não se lembra do barulho do vento que vinha dos quebra-ventos, mesmo quando fechados?

A traseira da nova linha Aero vinha equipada com uma pequena lanterna.

Enfim, nas mãos de um motorista razoavelmente cuidadoso, os novos modelos Willys trariam, no mínimo, um longo período de bons serviços.

Na propaganda da época, a fábrica fazia muito alarde de que o novo Aero-Willys (nome genérico usado para se referir a toda a linha) proporcionava aos seus ocupantes um andar suave e silencioso graças à carroceria monobloco inspirada nos aviões a jato e no sistema "airborne" ("sustentado no ar", em tradução livre) com extensivo uso de buchas de borracha na suspensão, molas mais longas na suspensão dianteira e bancos desenhados para dar aos ocupantes um suporte natural para que pudessem apreciar a suavidade do rodar.

A empresa ressaltava o fato de que a carroceria monobloco era inspirada em princípios da construção aeronáutica com concepção denominada aeroframe. Daí deriva o nome Aero. A grande área envidraçada denominada "helicopter pilot visibility" (visão de um piloto de helicópteros) combinava com o conceito dos modelos Aero, cuja concepção permitia visão panorâmica de toda a sua volta.

Devido à carroceria monobloco inspirada em aviões, boa parte das propagandas do Aero-Willys trazia um deles junto com o carro.

Algumas propagandas também faziam um alerta... "Não guie um Aero--Willys a não ser que você esteja preparado para ficar insatisfeito com seu automóvel atual!"

A revista *Popular Mechanics* fez o seu tradicional teste enviando questionários para mil proprietários do novo automóvel lembrando que não existia no mercado americano automóvel com melhor relação peso-potência e que só esse fato já fazia a Willys reentrar no mercado de automóveis de passeio com estilo e como um formidável competidor.

O jornalista especializado da revista *Popular Mechanics*, Floyd Clymer, detalhou que o Aero tinha potência de 1 cv para cada 13 kg, correspondendo à melhor relação peso-potência apresentada na indústria automobilística americana.

De forma geral, as impressões também eram positivas quanto ao estilo, à visibilidade, à ventilação, ao ar quente, à potência e ao consumo, este último um fator preponderante na decisão de se comprar o novo carro. Os pontos fracos apontados no teste – que também foi coordenado pelo jornalista Floyd Clymer – eram a proximidade excessiva entre os pedais do freio e da embreagem, as luzes-espia (pressão do óleo e amperímetro) ao fundo do velocímetro em vez de instrumentos, o botão de arranque no lado esquerdo do motorista e o que traria os maiores problemas para o novo produto, ou seja, o preço. O próprio jornalista disse esperar que, com a crescente produção, o preço pudesse cair, além de alguns motoristas relatarem que o bom consumo de combustível e o baixo custo de manutenção anulassem a diferença de preço do novo Aero--Willys frente aos seus competidores maiores. Terminou o teste dizendo que nos anos recentes o Jeep Willys fez centenas de milhares de novos amigos e que a reputação da empresa nunca esteve melhor, com os novos modelos de engenharia e estilo melhorados, prevendo um futuro brilhante para a Willys.

O fato, porém, era que o consumidor americano não entendia como um fabricante de utilitários podia cobrar tanto por um automóvel pequeno. A verdade era que os custos não podiam ser diluídos como acontecia com os três grandes fabricantes, o que tornava o preço da linha Aero superior aos produtos similares de concorrentes que ofereciam automóveis maiores, mais potentes e mais vistosos por um preço menor do que os automóveis da linha Aero. Para se ter uma ideia, um Aero 1952 custava, na época, 1.731 dólares,

enquanto um Chevrolet da mesma categoria custava 1.533 dólares, um Ford saía por 1.525 dólares e um Plymouth por 1.500 dólares.

Fábrica da Willys do Brasil, inaugurada em 1952, deu início a uma bela história.

É interessante que os acessórios oferecidos eram reputados como de qualidade e, surpreendentemente, baratos, lembrando que já estava disponível o câmbio com overdrive (sobremarcha) ao custo extra de 80 dólares.

Nessa mesma época, em 26 de abril de 1952, no Brasil, foi fundada a Willys-Overland do Brasil S. A.

Em 1953, outro fato importante e curioso ocorreu na história da empresa. A Willys, depois de obter um grande lucro da ordem de 24 milhões de dólares (sem os impostos) no ano anterior, parecia esperar por um grande ano em 1953. Surgiu, no entanto, uma nova personagem nessa história, a concorrente Kaiser-Frazer, pertencente ao industrial Henry Kaiser. Gerida por seu filho Edgar, vinha, desde a sua criação, sete anos antes, perdendo 52 milhões de dólares, além de dever 48 milhões para o órgão governamental RFC – Reconstruction Finance Corporation. A fragilidade de sua situação fazia o mercado imaginar que a Kaiser-Frazer viesse a se associar a uma das três grandes empresas automobilísticas de Detroit ou que seria comprada pela Willys. Nada disso ocorreu, pois a Kaiser resolveu crescer no ramo de atividade do grupo em que nunca colocara muito dinheiro, ou seja, na fabricação de automóveis. De outro lado, as ações da Willys, que nunca foram capazes de pagar dividendos aos seus acionistas na bolsa de valores e que de fato pertenciam a Canaday (na época com 67 anos de idade) e sua família, eram negociadas em bolsa por 5,25 dólares por unidade. Na venda que estava sendo avaliada, essas mesmas ações passariam a ser consideradas a 17 dólares no negócio proposto pelos Kaiser. O lucro para Canaday e sua família foi de 17,4 milhões de dólares de um valor total da transação de 62,3 milhões de dólares. Dessa forma, a Willys passou a ser controlada por um novo grupo e deu sequência a sua não pouco atribulada vida como empresa que enfrentou dificuldades e as superou desde a sua fundação.

Henry Kaiser, novo dono da Willys.

Como Kaiser não tinha todo esse dinheiro disponível, apressadamente formou a Kaiser Manufacturing Company para tornar possível a operação. Os recursos vieram em parte da Henry J. Kaiser Company (37,6 milhões de dólares), e o restante através da venda de ações para outra empresa ligada ao grupo, além de um empréstimo de 20 milhões de dólares concedido pelo Bank of America.

Para o grupo Kaiser, seria uma forma de se tornar o quarto maior grupo fabricante de automóveis dos Estados Unidos e, ao mesmo tempo, poder usar contabilmente os altos lucros da Willys para neutralizar os altos prejuízos da Kaiser-Fraser, gerando economia de impostos. De outro lado, a enorme fábrica de Willow Run, no estado de Michigan (maior construção sob um mesmo teto do mundo, construída numa propriedade de Henry Ford, usada para a fabricação dos bombardeiros B-24), onde eram fabricados os Kaiser-Fraser, seria desativada, e sua linha de produção seria transferida para Toledo, berço da Willys. Naquele ano a Kaiser- Fraser, agora denominada Kaiser Motors Co., ficou em quinto lugar na produção americana de automóveis, e a desativação de Willow Run (que funcionou como Kaiser de novembro de 1946 até novembro de 1953) foi provavelmente a mais dura e frustrante decisão tomada por Edgar Kaiser em sua carreira. A Willow Run foi vendida para a General Motors (que havia

perdido num grande incêndio sua fábrica de transmissões de Livonia, no
Michigan), que lá instalou a produção dos câmbios Hydramatic.

Ainda em 1953 o quinquagésimo aniversário da Overland foi comemorado com o lançamento de modelos Aero trazendo o W da grade dianteira
em dourado, além de pequenas modificações estéticas como novas calotas e
para-brisas inteiriços para o Aero Ace (duas portas) e o Aero Eagle (com o já
comentado W no centro), a substituição do modelo Aero Wing pelo Aero
Falcon, e a manutenção do modelo Aero Lark.
Para todas essas versões, exceto o topo de linha
Aero Eagle, passou a ser oferecida uma carroceria
de quatro portas, com vidro traseiro panorâmico
na versão Aero Ace. A partir de julho, a caixa au-
tomática Hydramatic da General Motors era oferecida como opcional.

Após a fusão com a Kaiser, os Aeros para
1954 passaram a ser oferecidos somente nos modelos Lark, Ace e Eagle com onze novas cores,
metálicas ou sólidas, e novo painel com botões
deslizantes ao estilo Kaiser. Os Aero Ace e Eagle

Na comemoração do 50º aniversário da
Overland, os Aeros vinham equipados com
o W da grade dianteira na cor dourada.

podiam ser equipados opcionalmente com motores Kaiser 226-pol³ (3,7
litros) com 115 cv de potência por um custo adicional de 50 dólares,
câmbio Hydramatic e direção hidráulica, além do charmoso kit continental disponível somente para o topo de linha, o Eagle Custom. Esses itens
nunca foram introduzidos nos modelos fabricados no Brasil.

A linha Aero de 1954 podia vir equipada com motores Kaizer de 115 cv.

A produção e as vendas dos Aeros foram caindo ano a ano, não por causa da qualidade, mas pela dificuldade da empresa em reduzir seus custos, com preço final sempre elevado, muito próximo ou superior ao da concorrência. Também a rede de assistência técnica havia adquirido uma injusta má fama, que poderia ser fruto do relacionamento tenso entre a Kaiser e seus revendedores. Como se sabe, o consumidor americano não se interessava muito por automóveis chamados compactos, tendência que somente viria a aparecer na década de 1960. Foi um erro de avaliação do mercado não só da Willys, mas de outras empresas como a Hudson e a Nash, que também acabaram desaparecendo por terem feito a opção pelos compactos ao antecipar demasiadamente uma tendência que ainda demoraria a chegar.

A situação do mercado foi muito ruim em 1954 se comparada a 1953, com queda geral da ordem de 10,9 por cento, sendo que as independentes sofreram barbaramente com a queda da produção nos seguintes percentuais: Studebaker – 53,8 por cento, Nash – 51,9 por cento, Hudson – 57,7 por cento, Packard – 65,7 por cento, Kaiser – 71,9 por cento, e Willys – 73,1 por cento.

A compra da Willys pela Kaiser também gerou um efeito contrário ao esperado deixando os consumidores em alerta, pois não se acreditava que, mesmo com a fusão, a empresa tivesse fôlego para continuar no mercado amplamente dominado pelas três grandes, apesar de oferecer um produto de qualidade a ponto de o repórter Griff Borgeson da revista *Motor Life* ter comprado um Aero para uso pessoal após o teste que realizou com um modelo 1954.

O Aero-Willys 1955 era esteticamente o mesmo que seria fabricado no Brasil; na foto, o modelo Bermuda.

O último ano de produção do Aero nos Estados Unidos foi 1955, quando foram oferecidos o modelo Ace (somente 663 produzidos para exportação), os rebatizados Custom nas versões duas e quatro portas e o Bermuda, oferecido somente na versão com duas portas, com a grade dianteira e as lanternas traseiras modificadas (os Aeros 1960 no Brasil já vinham externamente com essas modificações). Nem o preço baixo seguraria a produção. A revista *Mecánica Popular* (edição em espanhol da *Popular Mechanics*), na edição de abril de 1955, na sua tradicional Sección de Automovilismo, ressaltava que a Willys havia baixado o preço de seu modelo "conversível de teto duro", que agora era o mais barato do mercado em sua categoria.

Basta seguir a produção dos modelos Aeros ano a ano para se ter uma ideia da situação, uma vez que foram fabricados 31.363 veículos em 1952, 42.244 em 1953, 11.875 em 1954 e somente 6.564 em 1955. No total foram produzidos 92.046 Aeros nos Estados Unidos. Cabe lembrar que esses mesmos estampos (do modelo com quatro portas) começaram a ser enviados ao Brasil já em junho de 1955 e ainda produziriam com essa carroceria mais 23.379 Aero-Willys no Brasil entre 1960 e 1962.

Capítulo 2

A WILLYS-OVERLAND NO BRASIL

ANOS 1950 – O GRUPO KAISER NA AMÉRICA LATINA

A indústria automobilística brasileira nasceu da necessidade de abastecer um mercado carente e estancar a sangria de divisas que ocorria com a importação tanto de veículos leves quanto pesados, além de tratores de vários tipos.

Essa situação se agravou com o término da Segunda Guerra Mundial em 1945, quando a frota brasileira estava praticamente sucateada pela impossibilidade de importação durante o conflito e pela falta de oferta nos anos seguintes.

Em 1942, foi fundada na Baixada Fluminense, no Rio de Janeiro, a Fábrica Nacional de Motores (FNM) com o intuito de fabricar motores de aviação, porém, em 1950, com o acordo firmado com a Alfa Romeo, iniciou-se os planos para a fabricação de caminhões naquela unidade.

O almirante Lúcio Meira, que seria o grande coordenador da instalação da indústria automobilística no Brasil, fez as primeiras sondagens na Alemanha, na Itália e na França visando a possibilidade de atrair capitais e tecnologia para a futura fabricação de automóveis genuinamente brasileiros. O governo no momento estava disposto a dar concessões cambiais e outros estímulos fiscais para atrair os investidores. Dessa viagem resultaram os primeiros movimentos de técnicos visando a instalação de fábricas de veículos no Brasil.

Em 1952, foi a vez de os Estados Unidos serem visitados pelas autoridades brasileiras, que intencionavam estudar e atrair capital americano para a possível instalação de mais parques industriais baseados na indústria americana de veículos.

No mesmo ano, com o progresso das conversações e com o crescente interesse demonstrado por diversos setores de nossa sociedade nessa nova

Vista aérea da fábrica da Willys-Overland do Brasil.

empreitada, o Governo Vargas criou a Comissão de Desenvolvimento Industrial – CDI –, órgão subordinado à Presidência da República, que instalou a Subcomissão de Jipes, Tratores, Caminhões e Automóveis.

Um importante passo dado para incentivar a nascente indústria foi o Aviso 288 expedido em 19 de agosto de 1952 pela Comissão limitando a concessão de licenças de importação para peças não produzidas no Brasil, o que visava forçar a fabricação das peças no parque industrial nacional.

O ano de 1952 ficou marcado como o ano em que mais se importou automóveis leves no Brasil, por volta de 110.000. Se o ritmo de renovação da frota continuasse dessa maneira, as reservas cambiais do país iriam sofrer forte redução em curto período de tempo. Na época o Brasil já enfrentava graves problemas para cumprir seus compromissos no exterior e estava inadimplente com a Inglaterra.

Continuando com uma política rígida, o Aviso 311 de 28 de abril de 1953 vetou a importação de veículos a motor completos e montados, mas as brechas eram enormes, e muitos veículos, principalmente de luxo, foram trazidos ao país, inclusive como bagagem!

Na contramão do desequilíbrio da balança comercial, estava a entrada efetiva dos investidores estrangeiros no Brasil, já que o grupo americano Willys fundou em São Bernardo do Campo a Willys-Overland do Brasil S. A. em 26 de abril de 1952 e iniciou a montagem de Jeeps em parceria com um grupo de capitalistas brasileiros capitaneados

Lúcio Meira, o grande impulsionador da indústria automobilística brasileira, a bordo do Aero-Willys no dia do seu lançamento.

Foto histórica do primeiro Jeep montado no Brasil, em 1954.

pelo banqueiro Theodoro Quartim Barbosa, do Banco de Commercio e Indústria de São Paulo S. A. (mais tarde Comind).

Interessante lembrar que a Willys-Overland do Brasil em sua fundação ainda não pertencia ao grupo industrial Kaiser. Seu presidente, o empresário Henry Kaiser, esteve na América Latina entre agosto e outubro de 1954 em visita à Argentina e ao Brasil e afirmou em entrevistas que queria fazer uma fábrica de automóveis no Brasil e não simplesmente uma montadora, além de informar que em 1953 tinha incorporado uma nova subsidiária, a Willys Motor Inc., controlando agora os outros negócios da companhia, como a solidamente posicionada indústria do alumínio (30 por cento do mercado americano) e a fabricação de motores de aviação, material bélico, cimento, fundições, usinas elétricas próprias, enfim, todas as 118 indústrias espalhadas por catorze estados americanos e dezenove países do mundo, além da Kaiser Fundation Medical Centre, que já atendera mais de 1,5 milhão de trabalhadores. Através do ministro Oswaldo Aranha, Kaiser foi apresentado ao presidente Getúlio Vargas.

Após a morte de Getúlio Vargas, Henry Kaiser se reuniu com o presidente Café Filho e reafirmou suas pretensões, inclusive participando com 30 por cento do capital da Willys.

Henry Kaiser não estava acostumado com negócios que não davam certo e viu na América Latina uma oportunidade de fazer o seu fracassado investimento na fabricação de automóveis renascer, em países cujo mercado automobilístico estava sedento por carros novos. Afinal de contas, o último Kaiser tinha sido produzido nos Estados Unidos em 28 de maio de 1953 e dar um destino produtivo a todo o maquinário seria um bom negócio.

Por outro lado, em 1951, autoridades do governo argentino também visitaram diversos fabricantes de automóveis e, em 1954, só Henry Kaiser se interessou em se instalar no país, pois os outros fabricantes achavam o mercado argentino muito pequeno. Kaiser, porém, tinha encerrado a produção de seus automóveis recentemente e essa poderia ser uma boa oportunidade para tentar reverter os prejuízos que a operação automobilística tinha lhe dado. Além disso, a Willys já estava no Brasil desde 1952, com investimentos e projetos em estágio avançado.

Dessa forma, Kaiser poderia transferir todo ou grande parte do maquinário para os dois países e usar recursos locais para capitalizar as novas empresas. Numa entrevista do presidente da IKA (Indústrias Kaiser Argentina), James McCloud, podemos entender qual era a filosofia de investimentos da empresa pela afirmação de que "os países em desenvolvimento gostam de ver uma companhia de proprietários locais produzindo produtos de marcas registradas. É isso que estamos fazendo aqui. Nossa identidade corporativa é argentina, porém os Jeeps, os Rambler e os Renaults que fabricamos são nomes internacionais". Quando da sua incorporação, a IKA tinha 40 por cento de suas ações diluídas em poder do público.

O fato de Henry Kaiser nunca ter voltado para a América Latina, mesmo depois da consolidação de seus investimentos, era algo interessante e muito particular. O empresário dificilmente voltava para visitar seus projetos espetaculares quando já concluídos, o que delegava ao seu *staff*, pois era de tal forma empreendedor que sempre estava às voltas com algum novo desafio. Outra de suas características era o hábito de cochilar durante as reuniões sem perder a noção do que estava sendo discutido. O filho, Edgar Kaiser, ao contrário, esteve várias vezes no Brasil e na Argentina.

Em 1957, a Renault da França fechou um acordo no qual passava a participar de 15 por cento do capital da Willys no Brasil, podendo iniciar a fabricação de alguns de seus modelos através da transferência de tecnologia, o que se concretizaria em 1959 com o lançamento do Dauphine. Em 1959, o capital da Willys-Overland do Brasil ficou assim dividido: 10 por cento da Renault, 35 por cento da Kaiser e 55 por cento distribuídos entre acionistas brasileiros.

A Willys tratava bem seus empregados, disponibilizando um amplo refeitório (à esquerda) e consultas odontológicas gratuitas (à direita).

Mas as empresas não são somente números e máquinas... Segundo relatos de antigos funcionários, a Willys era uma empresa muito boa para se trabalhar, e o relacionamento entre os diretores americanos e os funcionários brasileiros sempre foi também muito elogiado. A empresa apresentava alguns diferenciadores, que na época constituíam novidade nas relações trabalhistas, tais como assistência médica e jurídica aos seus empregados, ambulatório, transporte, restaurante, além do jornal interno, chamado *Noticiário Willys*, do Willys-Overland Esporte Clube, da chácara Willys (hoje conhecida como chácara da Ford), das festas de final de ano com distribuição de presentes (até importados) para os filhos dos funcionários e de um coral integrado pelos mais diversos escalões hierárquicos da empresa. Em 1966, um longo artigo da revista *Seleções* sobre os avanços da indústria automobilística nacional destacou que a Willys ajudava seus funcionários

Coral Willys, formado por funcionários
da empresa.

a adquirirem um automóvel da marca e que até aquele momento 2.000 empregados já haviam sido beneficiados com o programa.

Em entrevista à *Folha de S. Paulo*, Vicente Piccoli, ferramenteiro da Ford e líder da grande greve de 1990, comentou: "Era uma fábrica boa. Tinha até confeiteiro francês".

A Willys também tinha avião próprio para transporte de executivos da empresa – nada menos do que um Douglas Super DC-3, cuja primeira operadora foi a American Airlines, substituída em 1954 pela Vasp (PP-SQL), em 1959 pela Real Linhas Aéreas (PP-YQO) e em 1961 pela Willys (e depois, a Ford) com o prefixo PT-BFU.

Linha de montagem do Jeep no final dos anos 1950.

As atividades industriais da Willys-Overland do Brasil se intensificaram em 1954, com a montagem dos Jeeps Willys americanos, aqui comercializados com o nome de Jeep Universal. Muito eficiente nas precárias estradas brasileiras da época, o Jeep obteve logo grande aceitação no mercado. As necessidades crescentes do mercado brasileiro e o interesse do grupo Kaiser em reverter os prejuízos que havia tido com o ramo automobilístico nos Estados Unidos fizeram com que a montadora se transformasse em fábrica de automóveis, como publicou a *Revista de Automóveis* em sua edição de abril de 1955: "Um grupo de firmas nacionais – Agromotor, Gastal, Willys-Overland do Brasil – e um grupo norte-americano – Kaiser Motor Co. e Willys Motors Inc. – estuda nova fábrica em São Paulo. Pretendem construir 20.000 Jeeps e 5.000 automóveis Willys. Deverá ter 55 por cento de ações ordinárias o grupo nacional e 45 por cento o internacional".

A direção da Willys era composta, entre outros, por Hickman Price Jr., diretor superintendente (à esquerda), e Willian Max Pearce, diretor industrial (à direita).

Em 1958, a diretoria da Willys era composta por americanos e brasileiros, tendo Hickman Price Jr. como diretor superintendente e William Max Pearce na função de diretor industrial, além de outros diretores, com destaque para Antônio Sylvio Cunha Bueno.

Cunha Bueno teve papel fundamental na venda das ações da Willys, uma vez que viajava pelo Brasil e reunia amigos e conhecidos para tratar da venda das ações da empresa, o que na época não era uma tarefa fácil. O próprio Hickman Price Jr. relatou que "Cunha e eu visitamos todos os estados brasileiros, e ele me ajudou a compreender o país e sua gente. Portanto, eu aprendi a amar o Brasil através de seus olhos". Cunha Bueno pediu afastamento da diretoria da Willys em 29 de abril de 1960.

Por sua vez, o braço argentino do grupo Kaiser foi fundado em 19 de janeiro de 1955 quando firmou um acordo com a IAME – Indústrias Aeronáuticas e Mecánicas Del Estado – para a formação da IKA. Com sua fábrica instalada em Santa Isabel, subúrbio da província de Córdoba, entregou o primeiro Jeep em 27 de abril de 1956 com 40 por cento de nacionalização, enquanto isso a Willys no Brasil, em janeiro de 1955, já havia produzido 6.000 Jeeps com um índice de nacionalização de 30 por cento.

Foi designado para ocupar a presidência da IKA James McCloud, cunhado de Edgar Kaiser, filho de Henry. No Brasil quem comandava a empresa era o antigo vice-presidente de exportações da Kaiser-Frazer, Hickman Price Jr., sobrinho de Joseph W. Frazer... Tudo em família. Com relação à vinda de Hickman Price Jr. para o Brasil, há uma história muito curiosa. Em setembro de 1952, Price pediu demissão da Kaiser (quando da incorporação da Kaiser-Fraser ele era o tesoureiro) e aceitou um convite de Ward Canaday para vir ao Brasil trabalhar na Willys. Esperando um choque por parte dos Kaiser com o anúncio de sua demissão e consequente transferência para o

O segundo veículo produzido pela Willys foi a perua Rural, em 1956.

Brasil, ouviu de Edgar Kaiser apenas que "um dia nós poderemos comprar a Willys e seria bom que você já estivesse por lá para saber como as coisas vão indo". Não se passariam seis meses e a Kaiser se tornaria dona da Willys.

Em 1956, foi lançada a station wagon no Brasil com o nome de Rural e, no ano seguinte, sua similar chamada Estanciera foi lançada pela IKA na Argentina. Entretanto continuávamos recebendo modelos que haviam sido lançados havia mais de dez anos nos Estados Unidos. Em 1961 a Rural teve sua frente redesenhada seguindo as mesmas linhas que Brook Stevens usaria futuramente no protótipo Saci, no Aero-Willys e, mais tarde, também nos primeiros modelos do Corcel (como pode ser notado no desenho da grade e do capô dos primeiros Corcel).

A Willys do Brasil continuava a crescer. Em 31 de janeiro de 1958, produziu o primeiro motor a gasolina para automóveis de passeio do Brasil, e a inauguração solene da nova fábrica de motores da Willys se deu em 7 de março de 1958, com a presença do então presidente Juscelino Kubitschek, de diversos ministros de Estado e autoridades. A Willys no momento já possuía uma fundição própria em Taubaté, constatável pela frase "Fundido em Taubaté", estampada nos coletores de admissão de seus motores.

Moderno setor de usinagem de motores em Taubaté (embaixo) e o setor de tapeçaria (à esquerda).

Diversificando a linha de produtos, a Willys lançou o pequeno Dauphine.

Como já foi dito, nesta época, a matriz da Willys (leia-se Grupo Kaiser) e a Renault da França fizeram um acordo para a fabricação do Dauphine, uma evolução do Renault 4CV, projetado antes da Segunda Guerra. O Dauphine foi lançado no mercado brasileiro em 12 de novembro de 1959, e na Argentina, em julho de 1960.

A Willys, porém, tinha diversos outros planos para o Brasil e até apresentou ao Geia (Grupo Executivo da Indústria Automobilística, criado por Juscelino Kubitschek) um projeto para a produção de tratores leves, aprovado mas nunca posto em prática. Outros investimentos da Willys no final dos anos 1950 foram a criação da fábrica própria de eixos e transmissões em ou-

A fábrica de eixos e transmissões (à esquerda) e o setor de estamparia (à direita) eram considerados os mais modernos da America Latina.

tubro de 1959, a aquisição da IRFA – Indústrias Reunidas Ferro e Aço (RJ) para a fabricação de peças para o Jeep. Essas e outras ações permitiram que já em 1959 fossem exportados os primeiros motores para os Estados Unidos.

Mas aqueles tempos eram diferentes e por que não dizer elegantes... A Willys não só crescia como também ajudava os outros a crescer, como no caso em que um pequeno fabricante de mancais para rolamentos, Sebastião Fumagalli, seguia fabricando um limitado número de rodas para os carros importados em circulação. Um dia, foi procurado por um diretor da Willys em sua oficina em Limeira, no interior paulista, que solicitou uma amostra de rodas para jipe. Foram quarenta viagens de ônibus, de Limeira a São Bernardo, feitas por Fumagalli em nove meses com um protótipo de roda debaixo do braço, mas o produto era invariavelmente recusado. Mas, na 41ª tentativa, Fumagalli levava uma roda excelente. "Ótimo!", disseram-lhe

A Willys investiu maciçamente na rede de concessionárias em todo o Brasil.

na Willys. "Pode fazer quinhentas imediatamente." Fumagalli ficou boquiaberto. Nas suas pequenas instalações de Limeira, ele levaria anos para atender tal encomenda! O pessoal da Willys, admirado pela força de vontade de Fumagalli, decidiu apoiá-lo moral e financeiramente na montagem de uma pequena, porém moderna fundição. Como sabemos, o nome Fumagalli se tornou algum tempo depois conhecido como o principal fabricante de rodas do Brasil.

À esquerda, a fachada de uma concessionária Willys. À direita, o famoso prédio do Conjunto Nacional, na Avenida Paulista, em São Paulo, que durante muito tempo ostentou a propaganda da Willys.

...é o Aero-Willys.

Simples, sóbrio, distinto, poderoso, muito confortável, o Aero-Willys é o único grande carro brasileiro construído especialmente para as nossas condições: famoso motor Willys, de 6 cilindros e 90 H. P., incomparàvelmente econômico. Câmbio universal. Suspensão independente nas rodas dianteiras – semiflutuante nas rodas traseiras Estrutura monobloco – o que o faz muito resistente. Direção leve, fácil de manobrar. Quatro portas, espaço interno folgado para seis pessoas. Amplo porta-malas Visibilidade panorâmica. Em notáveis combinações de côres. E a mesma facilidade de peças de todos os veículos da linha "Jeep"

Examine-o: 290 Concessionários Willys, em todo o território nacional, sentir-se-ão honrados em demonstrar que a indústria automobilística brasileira produz um carro de alta categoria – o Aero-Willys – que atende aos mais exigentes requisitos. Willys-Overland do Brasil S. A. – Fabricante dos veículos da linha "Jeep" – São Bernardo do Campo, Estado de São Paulo.

Aero Willys

O alto índice de nacionalização do Aero-Willys é a melhor garantia de completa e permanente assistência técnica.

CONHEÇA-O NOS CONCESSIONÁRIOS

Capítulo 3

AERO-WILLYS ANO A ANO

A EVOLUÇÃO DOS MODELOS

1960 – O AERO-WILLYS BRASILEIRO

Chegou a ser cogitado que o automóvel brasileiro a ser fabricado pela Willys seria um modelo médio com base nas matrizes do Plymouth 1955. Isso pode soar estranho, porém o fato é que a Chrysler no momento necessitava de um modelo compacto para enfrentar a concorrência da Ford e da General Mo-

Inicio da linha de montagem do Aero-Willys, que dividia espaço com o Dauphine.

tors, que fabricavam esse tipo de automóvel nas suas subsidiárias europeias, e pensou em ganhar tempo nesse mercado comprando um projeto já maduro e comprovado. A ideia inicial era trocar as fábricas e o ferramental do Plymouth 1955 pelo material equivalente do Willys Custom de quatro portas. Tal projeto não foi levado adiante por conta de diversos problemas técnicos, entre eles, a motorização, pois a Willys do Brasil fabricava desde 31 de janeiro de 1958 somente motores de 90 cv, os quais teriam uma defasagem de 27 cv em relação ao ideal para ser usado no Plymouth. Para conseguir anular essa diferença, seria necessária a modificação de toda a linha de produção dos motores, o que era financeiramente inviável. Também o motor Kaiser de seis cilindros e potência de 115 cv não poderia ser utilizado por não ser fabricado no Brasil.

Finalmente, em 25 de março de 1960, com nacionalização de 85,34 por cento, foi oficialmente lançado no Brasil o modelo de quatro portas da série Aero com o nome genérico de Aero-Willys, descartando-se a denominação "Brasília" que havia sido cogitada. Conforme a imprensa especializada

Em 25 de março de 1960, foi lançado o Aero-Willys brasileiro.

havia adiantado, era muito parecido (na verdade era o mesmo automóvel) com o Aero Wing americano, mas trazendo alguns detalhes externos do Willys Custom, tais como a grade dianteira, as lanternas, os frisos e as calotas. O Aero-Willys tinha um ótimo estofamento, fabricado na própria Willys num departamento com 3.500 m^2 e cem funcionários. O banco da frente era inteiriço (aliás, o mais comum naqueles tempos), o que permitia levar o motorista e dois passageiros.

William Max Pearce no discurso de lançamento do Aero-Willys, para funcionários, diretores, convidados e imprensa.

O painel simples tinha um único instrumento circular que englobava velocímetro, hodômetro total com marcação de centenas de metros, indicador de gasolina, termômetro de temperatura do motor, além de quatro luzes-espia que marcavam carga da bateria, pressão de óleo, farol alto e indicador de direção.

Na primeira propaganda do Aero-Willys brasileiro foi usado um Aero Custom americano (veja os emblemas na lateral e na frente), devido à semelhança entre eles.

O Aero-Willys, um sedã de quatro portas, possuía características inovadoras, levando-se em conta a defasagem da esmagadora maioria da frota de automóveis que rodava no Brasil em relação ao mercado mundial da época. Os automóveis mais modernos eram trazidos "como bagagem" por viajantes que ficavam um tempo (incrivelmente curto...) no exterior, ou por funcionários públicos, e depois eram vendidos por verdadeiras fortunas. De forma geral, apesar de ser um projeto considerado antigo, trazia perfil aerodinâmico, cofres do motor e porta-malas mais baixos que os para-lamas e grandes áreas envidraçadas. Acomodava seis pessoas com relativo conforto e possuía um amplo porta-malas.

A lanterna traseira tinha a lente branca embaixo, só que não havia luz de ré dentro. O porta-malas era amplo o suficiente para acomodar a bagagem de toda a família.

Uma curiosidade eram as grandes lanternas traseiras que traziam as luzes de ré, porém existiam somente as lentes brancas, pois dentro não havia lâmpada nem sistema de acionamento. Para ser mais adequado à realidade brasileira da época, o Aero-Willys foi equipado com o mesmo conjunto mecânico Jeep Universal , ou seja, o robusto motor de seis cilindros em linha de 2.638 cm³, que desenvolvia 90 cv a 4.000 rpm, com taxa de compressão 7,6:1, câmbio de três marchas à frente (chamado universal), com a primeira não sincronizada. Depois de muitos testes, a carroceria recebeu reforços que aumentaram seu peso original em 160 kg! O Aero-Willys pesava 1.440 kg e atingia 120 km/h, acelerando de zero a 100 km/h em 24,4 segundos e de zero a 120 km/h em 40,1 segundos. O consumo a 80 km/h era de 9,7 km por litro, de acordo com os dados da revista *Mecânica Popular* de dezembro de 1960.

À esquerda, o interior, com capacidade para seis passageiros. À direita, o painel de instrumentos, com um único mostrador.

Fig 4 - Instrumentos

1 — Velocímetro.
2 — Indicador de luzes dos faróis.
3 — Indicador de carga da bateria.
4 — Indicador de temperatura.
5 — Indicador das luzes de direção.
6 — Indicador de pressão de óleo.
7 — Indicador de gasolina.

Aliás, toda a mecânica tinha como característica a robustez. O motor, o mais simples da época, tinha válvulas de escapamento no bloco e de admissão no cabeçote, que funcionava bem em baixas rotações, mas perdia eficiência quando o motorista mantinha altas velocidades por muito tempo. Os freios tinham tambor nas quatro rodas, também eficiente em velocidades reduzidas. A suspensão também não apresentava nenhuma novidade, sendo a dianteira independente com molas helicoidais (comum nos carros do pós-guerra) e a traseira com eixo rígido e feixes de mola, o suficiente para enfrentar as péssimas condições das ruas e estradas brasileiras. Ou seja, o Aero não foi projetado para andar rápido, mas ia bem longe…

O Aero-Willys era muito antiquado se comparado aos automóveis americanos mais novos importados pelos consumidores brasileiros, além de tecnicamente não ser nem de longe comparável aos últimos modelos Aero fabricados nos Estados Unidos, que podiam vir equipados com overdrive, dire-

O robusto motor de seis cilindros do Aero-Willys: igual ao do Jeep.

ção hidráulica, motor mais forte (fabricado pela Kaiser), câmbio automático etc., mas foi bem aceito no mercado nacional.

Uma publicação inglesa de 1962 sobre carros de todo o mundo, mencionou que o Aero-Willys brasileiro era produzido com desenhos que tinham mais de dez anos. De fato não havia como ser diferente, já que usávamos os moldes de um automóvel do início de década de 1950 com adaptações necessárias para suportar as estradas e a gasolina de baixa octanagem que se comercializava no Brasil. Apesar disso, seu desenho não era muito diferente dos automóveis médios europeus da época, que ainda traziam traços bastante conservadores, ou porque não dizer antiquados, se comparados com os modelos americanos da época.

O Aero-Willys podia vir com a carroceria monocromática (no pé da página) ou no padrão saia e blusa (embaixo).

No Salão do Automóvel de 1960 o estande da Willys foi um dos mais visitados.

Cabe lembrar os outros investimentos do grupo Kaiser na América Latina, onde em 1958 a IKA fabricava um automóvel de passageiros baseado no Kaiser 1951, localmente batizado de Kaiser Carabela (caravela), comparativamente maior, mais possante e mais atraente que o nosso Aero--Willys. Era impossível fabricar um único produto para ambos países, pois as linhas de produção eram completamente diferentes. A produção do Carabela foi encerrada em 1962 com um total de 15.000 automóveis fabricados. Na Argentina o Carabela foi substituído por uma variante do Alfa Romeo 1900, batizado localmente de Bergantin (outro tipo de barco à vela).

FICHA TÉCNICA DO AERO-WILLYS*

Motor

Localização: dianteiro.
Configuração de combustão interna: seis cilindros em linha, com válvulas no cabeçote.
Diâmetro dos cilindros: 79,37 mm.
Curso dos pistões: 88,90 mm.
Cilindrada total: 2.638 cm³.
Potência: 90 cv a 4.000 rpm.
Taxa de compressão: 7,6:1.
Válvulas de escapamento: laterais, de comando direto através de tuchos.
Válvulas de admissão: no cabeçote, comandada por tuchos, hastes e balancins.

Lubrificação

Sistema de circulação contínua, sob pressão por bomba de engrenagens.

Arrefecimento

Com radiador, circulação de água por bomba centrífuga.

Alimentação

Por bomba de gasolina dupla e mecânica de diafragma, instalada do lado esquerdo do motor e operada por um excêntrico existente na árvore do comando de válvulas.

Filtro de ar

Com banho óleo e tela.

FICHA TÉCNICA DO AERO-WILLYS*

Ignição

Por bateria, bobina e distribuidor com avanço automático, com ordem de ignição 1-5-3-6-2-4.

Sistema elétrico

Bateria de 6 volts e quinze placas, localizada no cofre do motor.

Carburador

Zenith-DFV de fluxo descendente, modelo 228.200.

Transmissão

Tração: rodas traseiras / Embreagem: monodisco a seco.

Caixa de mudanças

Três velocidades à frente e uma à ré. Segunda e terceira marchas sincronizadas.
Relações: 1ª 2,798:1 / 2ª 1,551:1 / 3ª 1:1 (direta) / Ré 3,798:1

Eixo traseiro

Diferencial por pinhão e coroa. / Relação: 4,891:1

Chassi

Tipo: Monobloco
Suspensão dianteira: independente, braços superpostos, molas helicoidais, amortecedores hidráulicos de dupla ação e barra estabilizadora.
Suspensão traseira: eixo rígido, feixe de molas longitudinais semielípticas e amortecedores hidráulicos de dupla ação.
Freios: hidráulicos, a tambor nas quatro rodas.
Freio de estacionamento: tipo mecânico, acionado por cabo nas rodas traseiras.

Direção

Tipo: Gemmer, setor e sem-fim.

Dimensões

Comprimento total: 4,70 m / Altura total (vazio): 1,59 m / Largura: 1,82 m
Distância entre eixos: 2,74 m / Bitola traseira: 1,44m / Bitola dianteira: 1,47 m
Peso em ordem de marcha: 1.438 kg

Capacidades

Cárter: 5,67 litros / Tanque de combustível: 68 litros
Sistema de arrefecimento: 10,41 litros / Caixa de mudanças: 1,44 litro
Diferencial: 1,36 litro

*É importante destacar que a Ficha Técnica apresentada corresponde ao modelo Aero-Willys 1960, com características praticamente inalteradas ao longo de sua história. As alterações feitas em cada modelo são apresentadas ao longo deste capítulo, na descrição do modelo de cada ano.

CONCORRENTES

Nessa época a indústria automobilística brasileira ainda dava seus primeiros passos, e a quantidade de modelos disponíveis era pequena. A Volkswagen produzia a perua Kombi e o Volkswagen Sedan (que mais tarde seria chamado de Fusca). A Vemag fabricava o DKW com os inconfundíveis motores de dois tempos, nas versões sedã (futuro Belcar) e perua (futura Vemaguet), além do jipe Candango (concorrente do Jeep Willys). Existia também a pioneira Romi-Isetta (considerado por muitos o primeiro carro brasileiro), além do pequeno Renault Dauphine, fabricado pela Willys. Havia ainda dois carros de maior porte que concorriam mais diretamente com o Aero-Willys: o Simca Chambord e o FNM 2000 JK.

Simca Chambord

A Simca do Brasil foi inaugurada oficialmente em 5 de maio de 1958, e em março de 1959 já saíam da linha de montagem os primeiros Simca Chambord, que eram exatamente iguais (inclusive no nome) ao modelo oferecido no mercado francês de 1958. O Chambord era o modelo mais luxuoso da linha Vedette, que ainda tinha os modelos Ariane (mais simples) e Beaulieu (intermediário), todos com a mesma carroceria. Na França, a linha Vedette não teve a aceitação esperada pelo mercado. Então, diante disso, e aproveitando os incentivos fiscais oferecidos no Brasil através do Geia, todo o maquinário foi transferido para o Brasil para produzir somente a versão Chambord. Todos os outros modelos aqui produzidos eram uma variação deste mesmo modelo.

O refinado Simca Chambord era um belo carro, mas tinha a mecânica pouco confiável. Por isso, nunca chegou a incomodar a liderança do Aero-Willys.

Se na França o esperado sucesso não ocorreu, no Brasil a coisa foi bem diferente, pois desde o lançamento o Chambord agradou os consumidores, principalmente por sua beleza, ajudada pela traseira com estilo rabo de peixe, merecendo o apelido de "Cadillac brasileiro". Internamente, era um modelo bem mais sofisticado que o Aero-Willys.

O Chambord vinha equipado com motor V-8, só que com projeto muito antigo, oriundo do Ford dos anos 1930, com potência de apenas 84 cv e velocidade máxima de 135 km/h. Apesar da velocidade final favorável em relação ao Aero, o conjunto mecânico se mostrou muito frágil.

A Simca apostava no luxo e na beleza do seu carro para cativar o comprador, só que o Aero tinha uma vantagem mercadológica muito forte, a confiabilidade, já que a sua mecânica era robusta, com o motor do Jeep quase indestrutível e de fácil manutenção pelos mecânicos brasileiros.

O Simca Chambord foi até então o carro brasileiro que mais sofreu com a chamada tropicalização. A mecânica e a parte elétrica eram mais refinadas, típicas da linhagem francesa, que funcionava muito bem por lá, onde o clima era mais frio e as condições das estradas bem melhores. Por aqui, o carro sofreu muito com superaquecimento do motor e da bomba de gasolina em situações como ter de subir a Serra do Mar, principalmente em dias quentes. Outro problema estava na manutenção, pois havia poucos mecânicos preparados para a quase desconhecida mecânica do carro.

Entre os concorrentes, o Chambord era o mais caro – custava 1,058 milhão de cruzeiros contra 895.000 cruzeiros do Aero. Como veremos adiante, a Simca do Brasil fez várias melhorias no veículo e aumentou a confiabilidade do modelo, mas as vendas nunca chegaram a ameaçar a liderança do Aero-Willys.

FNM 2000 JK

O Aero-Willys, de origem americana, e o Chambord, de origem francesa, passaram a concorrer com a Fábrica Nacional de Motores, estatal que lançou em abril 1960 o FNM 2000 JK, de origem italiana – uma cópia fiel do Alfa Romeo 2000 berlina (sedã), fabricado na Itália desde 1957.

O FNM era um carro sofisticado e muito confortável para os padrões da época, além de ser considerado por muitos como dez anos mais moderno que a concorrência. O motor, com estirpe esportiva, tinha quatro cilindros com duplo comando no cabeçote de alumínio e cilindrada total de 1.972 cm^3 (hoje seria denominado 2.0), capaz de desenvolver

O FNM 2000 JK era um carro mais moderno que o Aero-Willys, só que fabricado em menor número.

115 cv, sendo então o motor mais potente da categoria, e alcançar 155 km/h, com aceleração de 0 a 100 km/h em aproximadamente 18 segundos, o que lhe rendeu na época o título do carro de linha mais veloz do Brasil. Também foi o primeiro carro nacional com câmbio de cinco marchas à frente com embreagem hidráulica.

Se houvesse um teste comparativo na época entre o Aero-Willys e o JK, com certeza este último ganharia com certa folga, pois era mais luxuoso, mais veloz e de concepção mais moderna (ou menos antiga). Só que, por ser fabricado por uma empresa estatal e sofrer com os ventos políticos vindos de Brasília, a FNM possuía uma pequena capacidade de produção e as vendas não eram muito regulares, além de o preço ser maior que o do Aero-Willys. Quem quisesse adquirir um JK teria que desembolsar 946.000 cruzeiros e esperar muito tempo para receber o carro. Além disso, no dia a dia o carro se mostrou igual ao Chambord, ou seja, mecanicamente pouco confiável. Seguem as vendas, durante o ano, do Aero e de seus concorrentes:

TABELA DE VENDAS EM 1960		
MODELOS	VENDAS	PORCENTAGEM
FNM 2000	431	4%
Simca Chambord	3.381	35%
Aero-Willys	5.930	61%
TOTAL	9.742	100%

1961 – PENSANDO À FRENTE, UM NOVO PROJETO

No 2º Salão do Automóvel de São Paulo, realizado em novembro de 1961 no pavilhão da Bienal do Ibirapuera, em São Paulo, a Willys lançou um novo veículo que não tinha qualquer relação com os Aeros, mas que vale ser citado aqui devido à sua grande importância na história automobilística brasileira. Trata-se da versão brasileira do Alpine francês, o esportivo Willys batizado no Brasil com o nome de Interlagos, fazendo menção ao autódromo e consequentemente às aspirações esportivas do modelo; foi apresentado em três

Maior novidade no 2º Salão do Automóvel de São Paulo de 1961: o esportivo Willys Interlagos.

Com sua mecânica altamente resistente, o Aero-Willys ganhou a simpatia dos taxistas.

versões: berlineta, cupê e conversível. Consta que foi o primeiro carro nacional construído com carroceria em plástico reforçado com fibra de vidro – logo se tornou a maior atração do evento.

O Aero-Willys nesse ano era o mesmo do lançamento e só receberia mais modificações em 1962.

Foi nesse ano que a diretoria da Willys decidiu que um novo sedã deveria ser apresentado ao mercado em 1963. Foi então lançada em fevereiro de 1961 a semente do futuro Aero-Willys, que receberia o "sobrenome" *2600*, cujo projeto passou a ser desenvolvido e atualizado por engenheiros brasileiros com o nome de Projeto 213, como veremos mais adiante. A base de todo o trabalho a ser desenvolvido eram os desenhos elaborados pelo estilista americano Brook Stevens em 1957 para o que seria um novo Willys americano, mas que nunca saiu do papel.

Concorrentes

Nesse ano a Simca deu seus primeiros passos para uma melhoria em seus produtos, tornando o Chambord um pouco mais brasileiro com as primeiras mudanças. O friso lateral passou a ser mais retilíneo e a possuir um emblema com a andorinha Simca aplicado nos para-lamas dianteiros.

A parte elétrica ganhou aperfeiçoamentos, e o motor ganhou mais potência, obtida pelo maior cuidado na fundição do cabeçote, da admissão e do escapamento, passando a potência para 90 cv. O Chambord 1961 tornou-se um carro melhor.

À esquerda, o Simca 1961 passou a ter o friso lateral reto. À direita, a traseira com estepe estilo continental do luxuoso Simca Présidence.

Mas a maior novidade da Simca foi o lançamento de um modelo mais sofisticado, o Présidence, que vinha com luxo interno compatível aos carros importados. Externamente, diferenciava-se do Chambord pelo emblema "Présidence" na grade dianteira e pelo estepe no estilo Continental na traseira.

O FNM 2000 JK permanecia inalterado, com produção tão baixa e vendas irrisórias comparado aos concorrentes, o que fazia dele um carro raro de ser visto em ruas e estradas brasileiras. A seguir, as vendas durante o ano do Aero e de seus concorrentes:

TABELA DE VENDAS EM 1961

MODELOS	VENDAS	PORCENTAGEM
FNM 2000	373	2%
Simca Chambord	5.976	42%
Simca Présidence	173	1%
Aero Willys	7.896	55%
TOTAL	14.418	100%

Em 1961, o Departamento de Estilo da Willys já era considerado o mais importante do Brasil.

1962
MODIFICAÇÕES BRASILEIRAS

O novo Aero-Willys 1962 ganhou novas rodas e novas calotas. O friso passou a ser reto
e a pintura saia e blusa deixou de ser usada.

Enquanto o Aero-Willys 2600 (ou Projeto 213) não ficava pronto, a Willys mostrou no Salão (final de 1961) a já esperada versão melhorada do Aero-Willys, a fim de que em 1962 ele estivesse mais próximo tecnicamente das condições que o mercado lhe impunha. Esse modelo foi apresentado com diversas melhorias técnicas e algumas modificações visuais. A revista *Quatro Rodas* listou 32 modificações e melhoramentos, dos quais podemos citar as novas rodas perfuradas para melhor refrigeração dos tambores de freio, as novas calotas, os novos frisos retos que envolviam toda a lateral, além de novas cores e da pintura da carroceria em um só tom, agora não mais no estilo "saia e blusa" (parte de cima numa cor e de baixo em outra). Também eram novos a fechadura do porta-malas e os frisos nas molduras das janelas. As lentes traseiras da luz de ré, igual ao ano anterior, não acendiam e cumpriam

O painel foi ligeiramente modificado: os botões passaram a
ocupar novas posições e o cinzeiro vinha instalado
no alto do painel.

apenas função estética. Já o friso e o ornamento do capô foram eliminados. Com todas essas modificações, o Aero-Willys deixou de ser visualmente uma cópia fiel do modelo americano.

Internamente, as novidades continuavam com os novos botões do painel e do rádio distribuídos em posições diferentes do modelo anterior, e o espaço para o rádio, que vinha como opcional, era coberto por uma nova placa. O novo cinzeiro migrou para o topo do painel de instrumentos. Já a parte exposta da alavanca de mudanças, o suporte da coluna de direção do painel e o suporte dos para-sóis passaram a ser cromados. As forrações das portas e dos bancos foram redesenhadas, assim como os botões das manivelas de comando dos vidros. O painel continuava estofado, dando uma sensação de segurança a impactos numa época em que no Brasil quase não se ouvia falar em cinto de segurança.

O ornamento do capô foi eliminado, deixando a traseira mais "limpa".

Com o intuito de aumentar o conforto dos ocupantes do banco de trás, o encosto do assento dianteiro vinha com uma reentrância (ligeiramente puxado para dentro) na sua parte posterior e o espaço para as pernas foi ampliado. O mesmo encosto ganhou duas úteis bolsas para o acondicionamento de pequenos objetos e um grande cinzeiro central, substituindo os dois pequenos que, no modelo anterior, ficavam nas extremidades. Além disso, o assento do banco traseiro foi reduzido na altura, evitando que os passageiros mais altos encostassem a cabeça no teto.

Na parte mecânica, houve poucas mudanças: os freios melhoraram devido à instalação do "Duo Servo" nos freios dianteiros, com as duas sapatas sendo primárias e autoenergizantes e à melhor ventilação dos tambores através de orifícios nas rodas redesenhadas, que também passaram a usar novos pneus 6.00/6,40-15. Outras melhorias foram o novo sistema de escapamento, a nova montagem do freio de mão e o reposicionamento da bobina.

À direita, o antigo Aero-Willys. À esquerda, o modelo de 1962, mais moderno.

Concorrentes

A Simca nesse ano lançou uma nova série do Chambord batizada de "três andorinhas", que trazia algumas melhorias no acabamento e na mecânica, com um aumento de potência para 92 cv. Também lançou a versão esportiva Rallye com um visual mais desafiante e potência de 100 cv, além da versão perua (station wagon), chamada Jangada. Apesar de todos os problemas, a variedade de modelos oferecida pela Simca, a partir do Chambord, era maior que a do Aero-Willys (apenas uma versão).

Nesse ano a Simca apresentou como novidades o esportivo Rallye (à esquerda) e a perua Jangada (à direita).

Quanto ao FNM, nenhuma novidade. Aqui vale a velha lei de mercado, na qual um produto de maior produção ocasionava um menor custo ao consumidor final. Como já foi dito, o JK era fabricado numa irregular e pequena escala, com preço consequentemente maior, sendo o carro de série mais caro do Brasil em 1962. Como exemplo, em fevereiro, o preço do JK era de 1.848.000 cruzeiros, bem mais caro que o Simca Présidence, que custava 1.675.000 cruzeiros; na mesma época o Chambord custava 1.360.000 cruzeiros, e o Aero-Willys, 1.215.000 cruzeiros.

A Fábrica Nacional de Motores, criada originalmente para fabricar motores para aviões, continuava a ser uma empresa estatal, cuja forma mais rápida de se adquirir um automóvel da marca era através da indicação de algum político influente, método na época chamado de "pistolão". Pela primeira vez no Brasil, um carro usado valia mais que o preço de tabela de um novo (comum nos anos 1990 com a falta de carros novos). Isso ocorreu com o JK a partir de 1962.

O que se observou no mercado durante 1962 foi um aumento geral nas vendas de automóveis. A Simca, devido aos novos produtos apresentados, vendeu um total de 6.881 carros (6.097 Chambords, 120 Présidences, 449 Rallyes e 215 veículos da recém-lançada perua Jangada), enquanto as vendas do Aero-Willys somaram 9.323 carros.

As vendas no mercado de sedás grandes se comportaram da seguinte forma:

TABELA DE VENDAS EM 1962*

MODELOS	VENDAS	PORCENTAGEM
FNM 2000	369	2,25 %
Simca Chambord	6.097	37,3 %
Simca Présidence	120	0,7 %
Simca Rallye	449	2,7 %
Aero-Willys	9.323	57 %
TOTAL	16.358	100 %

* Não colocamos na tabela a Jangada por se tratar de um veículo de outra categoria (utilitário).

Desenhos realizados pelo Departamento de Estilo no início dos anos 1960, provavelmente durante estudos de reestilização do Aero-Willys 1960, antes mesmo de se pensar no novo Aero-Willys 2600.

1963 – NASCE O AERO-WILLYS 2600

O novo e aguardado Aero-Willys 2600 foi lançado em setembro de 1962 e apresentado somente para a imprensa num evento realizado na própria fábrica no bairro do Taboão, em São Bernardo do Campo (SP), onde estavam presentes personalidades da época, como o lutador de boxe Éder Jofre, o jogador Pelé e a baiana Maria Olívia Rebouças, Miss Brasil da época.

Tudo fazia parte de uma bem organizada jogada de marketing, pois o carro só pôde ser visto inicialmente pelo público brasileiro por fotos publicadas pela imprensa, já que o Aero-Willys 2600 foi exposto primeiro no Salão do Automóvel de Paris em 4 de outubro 1962, no Parc de Expositions de La Porte de Versailles.

O público francês pôde conhecer no estande da Willys, além do cafezinho e da Miss Brasil, três veículos "made in Brazil": dois exemplares do novo Aero-Willys 2600, um preto e um dourado, e um exemplar do Willys Interlagos, modelo que era cópia do Alpine A-108 francês. O Aero-Willys chamava a atenção pelo seu estilo inédito, cuja fabricação se deu no distante e exótico Brasil. Nesse salão também esteve presente o Simca Chambord brasileiro. O carro ficou exposto no estande da Simca, para que o público francês pudesse conhecer o modelo abrasileirado, já com algumas modificações em relação ao carro que foi fabricado lá entre 1958 e 1961.

O Aero-Willys 2600 apareceu em público pela primeira vez no Salão do Automóvel de Paris, em outubro de 1962, e foi uma das maiores atrações do evento.

O lançamento do Aero-Willys 2600 foi cercado de muitas atenções: o novo automóvel apareceu nas capas e nas reportagens das principais revistas especializadas do país, merecendo muitas páginas nas mais diversas publicações da época, afinal era um modelo construído inteiramente no Brasil, apesar de seu desenho original importado. Só para se ter uma ideia, a *Quatro Rodas* dedicou a ele nada menos que 14 páginas da edição de outubro de 1962, mostrando todo o histórico do projeto, da concepção ao veículo pronto. Também foi produzido um filme interessante sobre essa epopeia pelo cineasta Jean Manzon.

A curiosidade do público brasileiro só terminou por ocasião do 3º Salão do Automóvel em novembro de 1962. O estande da Willys era um dos maiores do evento, com 1.800 m², 28 relações públicas, vinte recepcionistas, seis Aeros, quatro Interlagos, três Gordinis, três Jeeps, dois Dauphine, um Rural e uma pickup Rural.

Os Aero-Willys, nas mais variadas cores, ficaram expostos junto de outros carros da marca, porém um deles, dourado igual ao que foi exposto em Paris, ficava num palco giratório sob um jogo de espelhos. Para apresentar o novo carro a empresa contratou novamente a então Miss Brasil, a belíssima Maria Olívia, transformando o novo veículo da Willys na estrela máxima da exposição.

No estande podia-se ouvir música suave e, de dentro dos veículos, alto-falantes transmitiam explicações sobre o automóvel. Esse fato chamou a atenção de Jim Whipple,

No Salão do Automóvel que ocorreu no Brasil em novembro de 1962, o público se encantou com o novo Aero-Willys 2600, a vedete do evento.

renomado repórter americano, que veio testar o 2600 para a revista *Popular Mechanics*, cujo teste foi publicado na edição de março de 1963. Já no lado de fora havia projeção de filmes sobre a Willys.

Vale lembrar que nesse mesmo salão outros dois importantes lançamentos ocorreram: a apresentação do veículo mais luxuoso da Vemag, o DKW Fissore, e, como já foi dito, da Jangada, versão perua do Simca Chambord.

O comemorado Aero-Willys 2600 era oficialmente um automóvel de ano-modelo 1963 e é um dos automóveis mais importantes da história da indústria automobilística brasileira até hoje. Foi o primeiro veículo nacional com projeto inovador, coisa comum na indústria automobilística mundial, mas fato inédito por aqui. Até então os projetos de carros a serem

O novo Aero-Willys 2600, o primeiro carro projetado por brasileiros e um importante passo na história da indústria automobilística nacional.

fabricados aqui, incluindo os primeiros Aero-Willys, vinham praticamente prontos do país de origem, cabendo aos projetistas brasileiros trabalhar apenas em alguns detalhes que deixassem o produto mais alinhado com o mercado nacional ou que apresentassem alguma novidade, como a modificação de um friso, lanterna ou decoração interna, detalhes que o diferenciassem do carro da matriz. Esse processo voltou com força total tempos depois (por exemplo, o Corcel, os Volkswagens SP e Brasília), mas perdeu força com a globalização.

O novo Aero 2600 foi inspirado nos desenhos realizados pelo estilista Brook Stevens, que atuava como consultor da Willys e já tinha reestilizado a frente da Rural em 1961. O carro ficou muito parecido com o desenho feito para o Aero Ace 1955, que não chegou a ser lançado nos Estados Unidos. De qualquer forma não se pode tirar o mérito do Departamento de Estilo da Willys, que pela primeira vez executou uma profunda reestilização sobre um modelo já existente. Foi quase como se projetasse um carro do zero, com todas as dificuldades que essa nova empreitada impunha aos profissionais brasileiros. Um leigo podia não perceber, porém cabe lembrar que o capô, a tampa do porta-malas e as portas (incluindo as maçanetas) eram os mesmos usados nos modelos 1960/1962.

Na fábrica, esse misterioso carro novo passou a se chamar Projeto 213. Durante todo o tempo em que foi concebido (quase um ano e meio), muitos funcionários da empresa escutavam constantemente rumores sobre o número 213 e sabiam que se tratava de um novo produto, mas para a maioria deles o mistério só foi desvendado às vésperas do lançamento. Apenas os funcionários ligados ao Departamento de Estilo tinham acesso ao projeto, que era segredo absoluto.

Do Projeto 213 ao Aero-Willys 2600

Para que possamos entender a epopeia que foi a criação do Aero-Willys 2600, temos que voltar um pouco no tempo. Assim, após o aval da diretoria, em fevereiro de 1961, o novo Aero começou a ser criado. O chefe do Departamento de Estilo da época era o jovem e competente Roberto Araújo, um paulista formado em arquitetura pela Universidade de Columbia em 1956, que foi um dos principais responsáveis pelo estilo do novo carro. Seu departamento na época era composto por ele e pelo desenhista Valter da Cunha Brito, o suficiente para as exigências dos produtos da empresa até então, que trabalhavam numa pequena sala. A partir de então, com o desenvolvimento do Projeto 213, o Departamento de Estilo passou a crescer a olhos vistos, não só em pessoal como em espaço físico, chegando a ocupar todo o prédio 10 da fábrica. Às vésperas do lançamento do 2600, o setor já contava com quinze funcionários: três desenhistas, oito modeladores, dois técnicos em estofamento, um zelador e uma secretária, tornando-se o mais respeitado Departamento de Estilo do Brasil.

O Aero-Willys 2600 começou a "nascer" no papel. Centenas de desenhos foram feitos até chegar ao modelo definitivo, inspirado no estilo de Brook Stevens.

Numa época em que computador era quase um objeto de ficção científica, os principais materiais de trabalho dos profissionais da área eram prancheta, papel especial para desenho, cartolina, lápis, tinta e muita criatividade. E lá começou a nascer o novo carro. Foram feitos aproximadamente oitocentos desenhos das mais variadas frentes, traseira, lateral, painel etc., até chegar a um que agradasse toda a diretoria.

Após a aprovação do desenho, começou a etapa de modelar um carro em escala 1:4, trabalho artístico que consumia muitas horas dos profissionais. O primeiro carro em tamanho reduzido era feito de argila, para depois chegar a um modelo mais definitivo, já com a pintura e feito de plástico. O modelo pronto facilitava a observação mais precisa em vários ângulos, chamado três dimensões, o que dava uma ideia de como ficaria o carro ilustrado antes em duas dimensões (no papel).

À esquerda, a equipe de modeladores trabalhando no modelo 1:4; à direita, os estilistas avaliando o modelo pronto para depois iniciar a construção da versão em argila na escala 1:1. Da esquerda para direita: Cunha Brito, Roberto Araújo (chefe), José Maria Ramis Melchiso e Ernesto Silva.

Esse carrinho, que mais parecia um brinquedo, foi exaustivamente avaliado pelos técnicos, que anotaram nele várias modificações. Depois disso, o próximo passo foi a construção de um modelo em tamanho real, também modelado em argila. Tudo começou com uma armação de madeira que, depois de pronta, recebeu uma camada de isopor por cima, cuja função era segurar a argila. Aí entraram em cena os modeladores, com a função de trabalhar a argila e deixar o protótipo na escala 1:1 parecido com o carrinho em escala menor que serviu de modelo pronto e já com as devidas modificações. O modelo em escala natural, modelado em barro era também chamado de "Clay", nome usado pelos estilistas nos Estados Unidos.

Protótipo de barro moldado em tamanho natural, apelidado de "Clay": uma etapa importante do projeto.

A preparação desse protótipo foi uma das principais etapas do projeto, já que a partir dele todos os setores da fábrica entravam em ação. Os setores manufatureiros começavam a tirar todas as medidas do carro para que pudessem ser feitas as ferramentas para a linha de produção propriamente dita, como as prensas da lataria e do para-choques, assim como a fabricação de detalhes como calotas, frisos, tapeçaria etc. Tudo tinha que estar pronto para a fabricação do carro assim que o protótipo em argila fosse devidamente aprovado. Isso explica a grande importância de se modelar um carro em tamanho natural, pois algum detalhe podia ter ficado lindo do ponto de vista visual, mas inviável para ser fabricado, e nessa fase ainda daria para se mudar algum detalhe do carro. Por isso, o protótipo em argila recebeu vários retoques até ficar totalmente pronto, com o aval de todos os envolvidos.

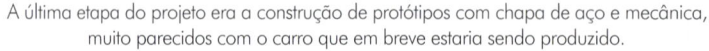

A última etapa do projeto era a construção de protótipos com chapa de aço e mecânica, muito parecidos com o carro que em breve estaria sendo produzido.

Técnicos trabalhavam no protótipo para que se pudesse iniciar os teste externos.

Quem o vissse pronto acharia que se tratava do carro de verdade, tamanha a perfeição e o trabalho meticuloso dos profissionais. Como a réplica do carro tinha o esqueleto em madeira, no lugar dos vidros colocou-se papelão preto. A carroceria foi pintada com a tinta oficial; todas as peças menores, como maçanetas, retrovisores, lanternas etc. foram modeladas à mão, normalmente em material plástico, e as partes cromadas receberam uma camada de papel-alumínio importado, próprio para isso, que, depois de colado, ficavam muito próximo da perfeição.

Enquanto o pessoal da engenharia trabalhava para construir as ferramentas que possibilitariam o início da produção das partes do carro em série, entravam em ação outros profissionais da área da engenharia experimental, que tinham a missão de construir um protótipo igual ao de argila, só que agora operacional e com os materiais para a produção em série, como aço, outros metais, plásticos, borrachas etc. Totalmente feito à mão, esse seria apenas o primeiro dos nove protótipos construídos do Projeto 213 antes do seu lançamento.

Na mesma época, alguns carros eram exaustivamente testados na Serra do Mar e no litoral paulista – tratava-se do Aero 63 disfarçado. O intuito desses testes era aperfeiçoar a já conhecida mecânica. Os engenheiros tinham como missão tornar o novo Aero um carro mais veloz que o antigo, tanto na velocidade final como na aceleração.

À esquerda, o protótipo saindo da fábrica pela primeira vez para avaliação externa; no centro e à direita, fotos da maratona de testes pela qual o protótipo passou.

Em outro setor, outra equipe cuidava da parte interna do carro, escolhendo as cores, o desenho e os materiais das forrações e dos bancos, assim como o desenho final do painel dos instrumentos. O painel, depois de devidamente aprovado, foi modelado à mão e incorporado ao protótipo.

Interessante é uma passagem contada pelo engenheiro Marcos Mello, tempos depois confirmada pelo próprio autor, William Max Pearce, que foi chamado para ver o primeiro modelo de barro e, ao entrar no departamento, comentou que o para-brisa estava tão próximo do teto que era possível ver o forro interno do teto. Não ficou para ver o trabalho e a equipe se deu conta de que o comentário fazia sentido. Refizeram a capota e chamaram o presidente novamente.

Protótipo rejeitado por Max Pearce – o para-brisa estava muito próximo do teto.

Em meados de agosto de 1962, a engenharia experimental já tinha três protótipos totalmente prontos, ou seja, com a carroceria, a mecânica e os acessórios oficiais, já bem parecido com o carro que em breve entraria na linha de produção. Esses protótipos saíram da fábrica cobertos e transportados num reboque na calada da noite para uma cidade do interior onde ocorreriam os últimos e exaustivos testes. Ninguém da fábrica divulgou o destino para não chamar a atenção da imprensa. Durante todo o tempo de "gestação", o novo Aero consumiu aproximadamente 175.000 horas de trabalho, tarefa que exigiria mais de vinte anos para ser concluída se fosse realizada por um único funcionário. Com certeza, todo esse trabalho valeu muito a pena, já que o Aero 2600 foi uma espécie de divisor de águas na indústria automobilística nacional e provou a grande capacidade do profissional brasileiro de criar algo novo, e não de apenas continuar o que já era feito fora do país.

Protótipo final feito à mão, tão perfeito que até parece um carro que acabou de sair da linha de montagem.

O princípio estrutural do novo Aero-Willys era o mesmo do modelo anterior, mas trazia uma carroceria com visual totalmente novo, com linhas mais retas e estilo muito mais atualizado. A visibilidade ficou melhor, com o para-brisa maior e mais curvo, e o vidro traseiro mais amplo e reto, ligeiramente embutido entre as colunas traseiras. As rodas e as calotas foram redesenhadas, permitindo uma maior ventilação dos freios. Para melhorar a acessibilidade dos passageiros, as portas passaram a se abrir num ângulo maior. O estilo, porém, não agradou os jornalistas da *Quatro Rodas,* que criticaram "o todo do carro", já que consideraram o desenho uma mistura quase impossível de ser realizada devido à frente que lembrava a do Pontiac Tempest, as laterais que lembravam as do Simca e a traseira que parecia ter sido inspirada na do Mercedes 220, formando um "toque intangível de desarmonia".

Ao contrário da *Quatro Rodas,* a *Mecânica Popular* gostou do conjunto, das vistas lateral e traseira, do estofamento, do acabamento interno, do tamanho do porta-malas, do maior ângulo de abertura das portas, do novo painel de jacarandá, do cinzeiro com acendedor de cigarros embutido, dos faróis, do novo sistema de ventilação (sendo opcional a ventilação forçada), além do aumento da potência com a nova carburação dupla. A substituição da abertura externa do capô pela comandada por dentro também foi aprovada com comentários positivos.

William Max Pearce (à esquerda) e Roberto Araújo (à direita) apresentam orgulhosamente o Aero-Willys 2600.

O que não agradou foi a vista de frente com as pestanas sobre os faróis e o acabamento em metal do vidro traseiro, onde o friso não dava toda a volta.

O motor era o tradicional seis cilindros, só que agora alimentado por dois carburadores DFV 228 (Zenith 228) acoplados a um novo coletor de admissão, que lhe permitiu aumentar a potência para 110 cv a 4.400 rpm. O câmbio também sofreu alterações, já que foram empregadas novas engrenagens helicoidais que o

As pestanas dos faróis não agradaram muito e foram criticadas pela imprensa especializada.

tornavam mais silencioso. Ainda com o intuito de aumentar a velocidade do carro, a relação do diferencial mudou de 4,89:1 para 4,27:1.

Na frente havia duas grandes luzes de direção (pisca-piscas) circulares instaladas nas extemidades das novas grades cromadas, que atuavam também como lanternas de posição; os faróis tinham na parte superior as polêmicas pestanas que, por serem consideradas de gosto duvidoso, foram assunto em inúmeras matérias vinculadas na imprensa da época. Outra novidade foi o sistema de comando das luzes alta e baixa, agora acionado pelo pé esquerdo do motorista através de um interruptor no piso.

O compartimento do motor também tinha iluminação operada por um interruptor no próprio soquete da lâmpada. Já a luz do porta-malas só funcionava quando as lanternas estavam ligadas, evitando que fossem esquecidas acesas. No porta-luvas também havia uma lâmpada, que se acendia automa-

ticamente ao se abrir a tampa. Agora a luz de ré exercia sua função e era destaque no manual do proprietário, mas era oferecida como opcional, assim como o esguicho para a lavagem do para-brisa acionado manualmente e o rádio com alto-falantes no painel e no porta-pacotes.

Internamente trazia um painel em jacarandá-da-bahia encerado, cuja construção em placas compensadas requereu todo um estudo por parte da equipe de projetos da Willys para que pudesse durar muito tempo. Esse painel era composto por três grandes instrumentos com o mesmo diâmetro, fundo preto

O painel de instrumentos foi totalmente redesenhado.

e funções acopladas. O da esquerda vinha agora com o manômetro de óleo, além de indicador de carga da bateria. O do meio trazia o velocímetro com hodômetro total e a lâmpada-piloto do farol alto. Já o da direita vinha com o termômetro do motor e o marcador do nível de gasolina, com as indicações que fugiam do convencional, pois traziam "0, 2/4 e 4/4".

1 - Amperímetro / 2 - Velocímetro / 3 - Indicador do nível de combustível / 4 - Lâmpada piloto da luz de mudança de direção (esquerda) / 5 - Manômetro de óleo / 6 - Lâmpada piloto do farolete / 7 - Odômetro / 8 - Lâmpada piloto do farol alto / 9 - Termômetro / 10 - Lâmpada piloto da luz de mudança de direção (direita).

Outras novidades foram acendedor de cigarros dentro do cinzeiro localizado no painel, novo desenho do volante, reposicionamento das alavancas de câmbio e do indicador de direção para uma posição que permitia o acionamento sem que o motorista precisasse tirar as mãos do volante, limpador de para-brisa elétrico de duas velocidades e bancos redesenhados com várias cores disponíveis, sempre combinando com a cor externa. Já a iluminação interna era boa, com duas lâmpadas, uma em cada lateral da coluna central. Cabe lembrar que tudo isso vinha em 6 volts com uma bateria de 100 A·h.

O ano de 1963 ficou marcado pelo veículo Willys número
250.000 saído da linha de montagem.

A traseira agradou muito, apesar do estilo rabo de peixe
já estar um tanto ultrapassado.

Apesar dos esforços da Willys para melhorar o desempenho do novo Aero, os resultados não foram muito superiores ao do antigo. Sua velocidade máxima girava em torno de 130 km/h, praticamente igual ao modelo anterior. Já a aceleração melhorou um pouco, precisando de 42 segundos para percorrer 1.000 metros, enquanto o antigo precisava de 43,4 segundos para vencer o mesmo percurso.

O repórter americano Jim Whipple testou o novo carro para uma matéria a ser publicada em todas as edições internacionais da revista *Popular Mechanics*, na qual ele destacava o trabalho realizado por estilistas locais em colaboração com o projetista americano Brook Stevens. Criticou a direção pesada, fato que o engenheiro-chefe da Willys, Frank Erdman, assegurou que seria resolvido com uma nova que já estava em desenvolvimento. Finalmente, compreendeu que o automóvel foi feito para as condições brasileiras, incluindo aí o tapete de borracha que lhe chamou a atenção.

Ilustrações utilizadas em propagandas do Aero-Willys.

Como esperado, as vendas do Aero-Willys 2600 estouraram, chegando a mais de 14.000 veículos durante o ano, um aumento de mais de 50 por cento em relação ao modelo anterior. Ao final, pode-se dizer que o Aero--Willys 2600 foi um sucesso, perceptível pela fila de espera nas concessionárias Willys logo após o lançamento. Os compradores podiam escolher seu novo automóvel entre as cores disponíveis preto-bali, cinza-pérola, azul-jamaica, azul-meia-noite, verde-versailles e a única opção metálica, chamada de marrom-cordovan.

Concorrentes

A FNM não apresentou nenhuma novidade, sendo que a produção e as vendas continuavam irrisórias perante a concorrência.

Continuando com a melhoria constante de seus produtos, a Simca nesse ano apresentou o câmbio totalmente sincronizado que tornava o dirigir mais agradável, uma vez que até então a primeira marcha só podia ser engatada com o veículo parado em mãos de motoristas mais habilidosos, ou seja, a primeira era "seca". Com isso passou a se chamar "Série 3 Sincros", devidamente identificada com um emblema no para-lama dianteiro.

O Alvorada, modelo básico da Simca: não agradou muito o público consumidor.

Outra novidade foi a criação do modelo básico do Chambord, o Alvorada. O carro era muito simples: por fora os para-choques eram pintados e na lateral da carroceria era aplicado apenas um pequeno friso. A roda vinha equipada apenas com uma pequena calota. O interior do carro também era rústico.

O Alvorada era uma tentativa da Simca em ter um produto mais barato que o Aero, tentando consequentemente ganhar alguns de seus compradores. Mas o comprador da marca Simca estava acostumado com o luxo, até então marca registrada da empresa, e o Alvorada não foi bem aceito no mercado, vendendo poucas unidades. Atualmente é muito difícil encontrar algum exemplar com as características originais, o que faz dele um veículo disputado entre os colecionadores.

As vendas no mercado de sedãs grandes se comportou da seguinte forma:

TABELA DE VENDAS EM 1963

MODELOS	VENDAS	PORCENTAGEM
FNM 2000	263	1,1 %
Simca Chambord	6.961	30,7 %
Simca Présidence	103	0,45 %
Simca Rallye	592	2,6 %
Aero-Willys	14.744	65 %
TOTAL	22.663	100 %

Aero-Willys 2600 exposto no Salão do Automóvel, no final de 1962.

1964
MELHORAMENTOS E 12 VOLTS

Em 1964, o visual do Aero-Willys permaneceu praticamente inalterado, com exceção do encurtamento de 7,62 cm do friso lateral ao longo do veículo na parte traseira, do estreitamento da faixa branca dos pneus e de novas opções de cor para a carroceria.

Friso lateral ligeiramente menor na parte traseira e faixas brancas mais estreitas nos pneus foram as mudanças visuais do Aero-Willys 1964. Compare as alterações com o modelo da foto da página 79.

As maiores novidades foram mecânicas. O sistema elétrico passou para 12 volts, com bateria de 21 placas, de maior potência e capacidade de carga. No carro o resultado era melhor iluminação, melhor funcionamento do motor de arranque, menor exigência do gerador e do platinado, que consequentemente acabavam durando mais. A economia da parte elétrica, de 12 volts, podia ser sentida no uso de fios mais finos.

O sistema de comando do acelerador também era novo, com construção mais rígida, mas um comando mais preciso e sensível, já que foi instalada uma haste para cada carburador. Antes

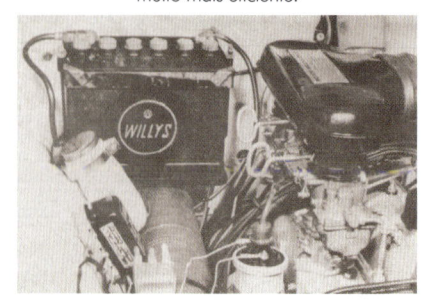

O sistema elétrico passou para 12 volts, muito mais eficiente.

havia um cabo de aço acionando os dois carburadores pelo meio, o que deixava o pedal do acelerador pesado.

A suspensão ficou mais firme, as molas dianteiras ganharam mais um elo, enquanto a traseira teve a segunda lâmina do feixe de molas reforçada. Já o cano de escapamento teve o seu diâmetro aumentado a partir do coletor, o que resultou em uma ligeira melhora no rendimento do veículo.

Internamente mais mudanças: os assentos e encostos dos bancos ganharam estofamento diferente, com variadas cores. O material poderia ser escolhido entre couro, vinil e tecido. As cores externas oferecidas eram o tradicional preto-bali, além de bege-marfim, cinza-grafite, azul-crepúsculo, verde-amazonas, azul-jamaica e marrom-metálico. Outra novidade estética foi a haste da alavanca de câmbio agora cromada, mais bonita e durável.

Em relação aos planos de expansão da Willys, uma boa novidade foi a inauguração das novas instalações em Olinda (PE) em 12 de março, representando o crescimento da empresa e um esforço em prol do desenvolvimento do Nordeste. Lá foi construído um armazém para estoque de peças genuínas para atender o mercado local da Bahia, além de Brasília e região.

Em agosto, nova data comemorativa na empresa, já que saía das linhas de montagem o veículo Willys brasileiro número 300.000. Tratava-se de um Aero-Willys, que recebeu uma placa de identificação e foi sorteado entre os funcionários da fábrica, cujo ganhador foi um trabalhador do setor de Ferramentaria. Infelizmente, não se sabe o paradeiro atual desse carro.

Em agosto de 1964 saiu da linha de montagem o Willys número 300.000, evento muito comemorado pela empresa.

Não podemos esquecer que nessa época a Willys continuava fazendo parte do grupo Kaiser, que também mantinha a IKA na Argentina, pois em 17 de janeiro desse ano partiu da fábrica da IKA na província de Córdoba a 1ª Caravana IKA composta por catorze automóveis dirigidos por pessoal da fábrica. No caminho, já na província de Santa Fé, se juntaram mais dois automóveis representando as concessionárias e prosseguiram então com destino a São Bernardo do Campo, onde iriam visitar a fábrica da empresa-irmã. Na ocasião da visita foi descerrada uma placa de bronze com os dizeres "El personal de IKA a sus colegas de W.O.B.".

Concorrentes

A Simca, sua principal concorrente na faixa de sedãs grandes, lançou uma nova série chamada Tufão (Chambord, Jangada, Rallye e Présidence). Esses novos veículos foram considerados a maior novidade do ano da indústria automobilística brasileira, com aperfeiçoamentos técnicos que melhoraram a confiabilidade dos produtos Simca. Externamente, além das novas saídas de escapamento, a maior mudança foi no formato do teto, com a coluna traseira muito mais larga e sem o vidro traseiro modelo panorâmico. O motor recebeu melhorias que resultaram no aumento da taxa de compressão e, consequentemente, da potência, que foi de 94 para 100 cv. Apesar de uma sensível melhoria, os Simca continuavam com alguns problemas relativos à confiabilidade de seu conjunto mecânico em contraste com o rústico motor de seis cilindros da Willys, que apesar do menor número de cilindros era infinitamente mais confiável que o frágil V-8 do Chambord. Mesmo assim a série Tufão foi considerada o melhor Chambord jamais fabricado, tanto no Brasil quanto na França.

A maior novidade do ano foi o lançamento da série Tufão, tornando os Simcas mais velozes e confiáveis.

Quanto ao FNM, a única mudança foi em relação ao nome, consequência do movimento revolucionário de março de 1964 que pôs fim ao governo de João Goulart. Desse modo o carro perdeu o "sobrenome" JK e ficou conhecido apenas como FNM 2000.

As vendas no mercado de sedãs grandes se comportaram da seguinte forma:

TABELA DE VENDAS EM 1964

MODELOS	VENDAS	PORCENTAGEM
FNM 2000	200	0,8 %
Simca Chambord	8.822	35 %
Simca Présidence	183	0,7 %
Simca Rallye	1.184	4,7 %
Aero-Willys	14.824	58,8 %
TOTAL	25.213	100 %

Em 1964, o Departamento de Estilo da Willys chegou a realizar estudos da perua Aero,
mas o projeto nunca saiu do papel.

1965 – TRASEIRA ALONGADA

A Willys soube escutar as críticas em relação ao Aero-Willys 2600 e apresentou importantes melhorias no modelo 1965 apresentado em novembro de 1964 no 4º Salão do Automóvel, com mudanças justamente nos seus pontos mais fracos, transformando o Aero-Willys mais uma vez numa das principais

Em primeiro plano, novo Aero-Willys 2600 apresentado no Salão do Automóvel, em novembro de 1964.

O novo formato das lanternas traseiras e os novos frisos laterais modernizaram
o carro. O porta-malas também ficou mais espaçoso.

vedetes do evento. A Willys tinha seu estande bem no centro da exposição, com recepcionistas vestindo elegantes conjuntos de saia verde e blusa branca, que mereceram o título de uniforme mais elegante da exposição. Porém, o centro das atenções era o grupo de cinco Aero-Willys, três Interlagos, três Gordinis, três Rurais, duas pickups e dois Jeeps, além da apresentação do protótipo de um esportivo denominado Capeta, um belo cupê com a mesma mecânica dos Aero-Willys, porém devidamente preparado, segundo a fábrica, para um desempenho brilhante. Infelizmente o Capeta nunca chegou a ser produzido em série.

O Departamento de Estilo da Willys descobriu que o ponto forte de vendas dos Aero-Willys 2600 era justamente a traseira e decidiu encompridá-la, para dar mais harmonia ao desenho do automóvel, além de inverter a posição das lanternas, que agora não lembravam mais os rabos de peixe, já um tanto fora de moda. Dessa forma a tampa do porta-malas também foi redesenhada e recebeu a aplicação de um pequeno emblema "2600". O conjunto traseiro se tornou ainda mais bonito com a colocação de um novo para-choque com lâminas duplas e nova fechadura e com a eliminação dos antigos frisos verticais. Além das profundas mudanças estéticas, o novo formato da traseira proporcionou um ganho extra no espaço para a bagagem.

O Departamento de Estilo da Willys projetando o novo Aero-Willys 2600.

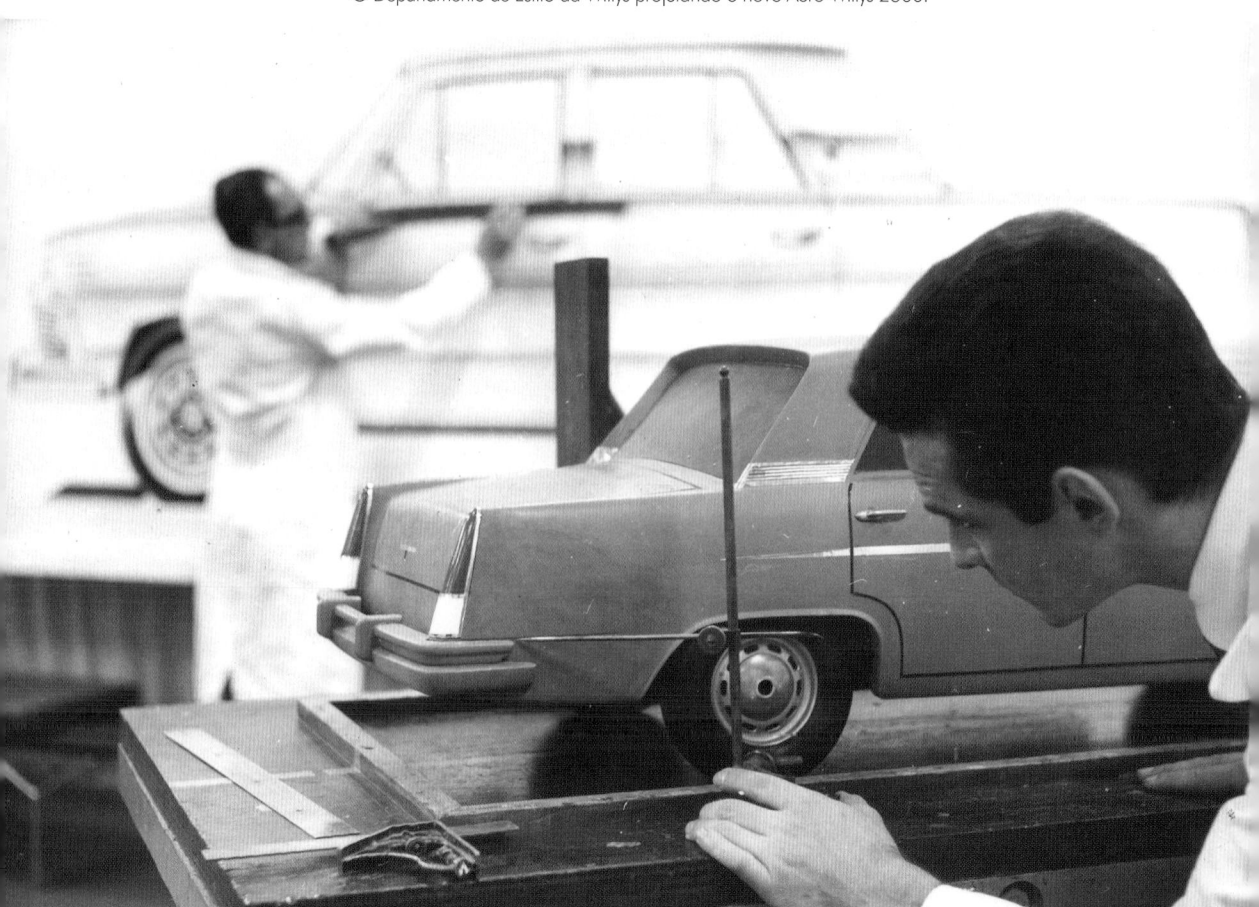

A traseira perdeu os frisos verticais e, no lado direito, foi aplicado o emblema "2600".

O friso lateral da carroceria também mudou, ficando mais fino e terminando num emblema "Aero-Willys 2600" no para-lama traseiro. Tinha também um pequeno friso que iniciava na parte mais baixa da lanterna traseira e terminava próxima à caixa de roda.

Outra modificação estética importante foi a eliminação das polêmicas pestanas dos faróis, que davam aos primeiros Aero-Willys 2600 um aspecto de "olhar meio triste". A frente do automóvel manteve o desenho de Brook Stevens, porém ficou mais limpa e harmoniosa.

Quando o Aero-Willys 2600 foi lançado em 1963, a Willys não tinha trabalhado muito em seu desempenho como havia prometido, mas agora o carro ficou mais rápido e agradável de dirigir com o novo câmbio de quatro marchas sincronizadas, desenhado pelos engenheiros brasileiros. Com esse novo câmbio o Aero-Willys ganhou em desempenho, tendo a velocidade máxima elevada para 140 km/h, levando 20 segundos para ir de 0 a 100 km/h, além de maior facilidade em vencer subidas íngremes, o que o colocava entre os carros de série mais velozes da época. Foi esse câmbio que fez aparecer pela primeira vez o botãozinho para liberar a trava, que impedia o engate involuntário da marcha a ré. A título de comparação, o Simca Rallye, sedã com pretensão esportiva (o que o Aero-Willys nunca pretendeu ser), atingia velocidade máxima de 148 km/h, com aceleração de 0 a 100 km/h em 16,5 segundos.

A Willys ainda mantinha na linha de produção o antigo câmbio de três marchas como opcional, apesar de os engates da nova caixa de câmbio serem extremamente precisos a ponto de uma revista especializada tê-lo considerado o melhor câmbio do Brasil.

Em 1965, as polêmicas pestanas dos faróis foram eliminadas.

A suspensão dianteira também apresentou modificações na sua regulagem e manteve a sua concepção independente com molas helicoidais, auxiliadas por amortecedores telescópicos de dupla ação. Esses amortecedores também vinham equipados na suspensão traseira, que ganhou feixe de molas semielípticas progressivas. Esse tipo de mola deixava o carro mais macio quando transportava pouco peso e aumentava a resistência quando carregado.

Com o intuito de reduzir atritos e consequentemente barulhos, o sistema de suspensão dianteira passou a usar buchas de Teflon, que diminuíam os pontos de atrito e eliminavam a necessidade de lubrificação. Houve também um aperfeiçoamento dos freios, com a colocação de tambores mais leves e mais bem refrigerados.

Internamente, os assentos dos bancos ficaram mais baixos, com molas mais suaves. Além de mais confortáveis, evitavam que os passageiros com porte físico mais avantajado viajassem com a cabeça raspando no teto. As cores internas podiam ser combinadas com as externas a pedido do comprador, e o material do estofamento podia ser de couro liso ou perfurado com tecidos de várias tonalidades. Os pedais ficaram mais baixos, e o aro de buzina passou a ser inteiriço. Como opcional o comprador podia encomendar o Aero-Willys com trava de direção, dificultando um pouco a vida dos ladrões de carros.

O novo câmbio de quatro marchas aproveitava melhor a potência do motor, que agora elevava a velocidade do Aero-Willys a 140 km/h, muito bom para os padrões da época.

A partir desse ano, a Willys dispunha de novas cores de carroceria e de estofamentos, que podiam ser combinadas à vontade no ato da compra. As cores externas disponíveis eram: preto-bali, azul-crepúsculo, cinza-grafite, bordô, verde-metálico, verde-amazonas, azul-celeste e cinza-névoa. Na escolha com carroceria em dois tons (que voltou a ser oferecida), as combinações eram as seguintes: azul-crepúsculo com cinza-gelo, cinza-grafite com cinza-gelo, bordô com cinza-gelo, verde-amazonas com cinza-gelo e castor com cinza-gelo.

Concorrentes

A Simca apresentou poucas novidades, mas foi a pioneira em oferecer ignição transistorizada, que prometia um desempenho mais uniforme e eficiente por dispensar condensador e platinado. Na linha de produção iniciou a comercialização do Profissional, uma versão despojada do Chambord destinada ao mercado de táxis ou àquele consumidor com menor possibilidade de adquirir um automóvel mais sofisticado. Na mesma época e nesse mesmo segmento surgiram, juntamente com o Simca Prossional, o Volkswagen Pé de boi, o DKW Pracinha e o Gordini Teimoso, como plano do governo para revitalizar as vendas por meio de carros mais baratos e com forte esquema de financiamento. Nunca houve uma versão nesses moldes por parte do Aero-Willys.

À esquerda, o novo e despojado Simca Profissional. À direita, o novo Timb, um FNM ainda mais luxuoso e esportivo.

Apesar das novidades, as vendas do Aero-Willys se mantiveram estáveis. Já seu principal concorrente no mercado de sedãs grandes, a Simca, teve suas vendas reduzidas em torno de 30 por cento, o que significava o início de sérios problemas para a empresa.

A FNM também apresentou no 4º Salão do Automóvel o modelo Timb – Turismo Internacional Modelo Brasil –, que era uma versão mais esportiva do conhecido sedã trazendo mudanças externas em relação ao FNM 2000, principalmente com a nova frente, mais baixa, e no para-choque redesenhado. Foi mantido seu motor de quatro cilindros agora alimentados com novos carburadores e maior taxa de compressão, o que aumentou a potência para 105 cv e a velocidade máxima para 165 km/h. Internamente novos detalhes o deixaram mais requintado, e bancos individuais e câmbio com alavanca no assoalho aumentaram o tempero esportivo.

TABELA DE VENDAS EM 1965

MODELOS	VENDAS	PORCENTAGEM
FNM 2000	340	1,5 %
Simca Chambord	5.867	26 %
Simca Présidence	134	0,6 %
Simca Rallye	1.170	5,2 %
Aero-Willys	14.336	63,7 %
Itamaraty*	644	2,8 %
TOTAL	22.491	100 %

* O Itamaraty foi lançado no final de 1965 como modelo 1966, com as primeiras vendas ocorrendo ainda em 1965.

Max Pearce, junto à linha de montagem do Aero-Willys, em 1965.

1966 – UMA NOVA PROPOSTA, O ITAMARATY

Nesse ano, visualmente o Aero-Willys não sofreu nenhuma mudança, mas apresentou algumas melhorias mecânicas do motor como o ganho de novos anéis, novos pinos de pistão e buchas de comando de válvulas, visando uma maior durabilidade e um funcionamento mais suave. O carburador vinha com uma nova regulagem que permitia maior economia de combustível, mas a maior novidade era outra...

Tudo começou quando o publicitário Mauro Salles foi convidado pela diretoria da Willys para conhecer a campanha publicitária de um novo carro a ser lançado. Na época, como jornalista (foi ele, por exemplo, que testou

Por fora o Aero-Willys 1966 permaneceu inalterado, ganhando apenas algumas melhorias mecânicas.
O carro da foto está equipado com os opcionais teto de vinil e reforço tubular nos para-choques.

o Aero-Willys 1960 para a revista *Mecânica Popular*), conheceu todos os dirigentes da então nascente indústria automobilística brasileira e, nessa condição, foi chamado para opinar sobre a campanha de lançamento do novo Aero-Willys Luxo.

Era esse o novo modelo que estava com a campanha publicitária de lançamento montada, porém Mauro Salles discordou de tudo o que havia sido apresentado e levou Max Pearce a desafiá-lo pedindo uma campanha nova e não apenas críticas.

O luxuoso Itamaraty, novo carro da Willys para um público mais sofisticado.
Com certeza, um carro que marcou época.

Mauro voltou e apresentou seus planos. Um novo nome, "Itamaraty", sóbrio e que remetesse a um ambiente de luxo e sofisticação, cujo lançamento fosse diferenciado, e os equipamentos opcionais viessem como originais de fábrica, tais como rádio, estofamento em couro, estojo de ferramentas etc. Mauro Salles não só ganhou a conta do produto Itamaraty como também pediu a conta de toda a Willys... E levou! Aí nasceu uma grande agência de publicidade que hoje se chama Salles-D´arcy. Cabe lembrar que, ao aceitar a proposta de Mauro Salles, a Willys sabia que a agência de propaganda dele mal existia...

Para atingir uma nova faixa de usuários, a Willys procurou mirar os consumidores de automóveis importados, aumentando o luxo e o conforto do seu novo sedã, o Itamaraty, um automóvel de luxo baseado no Aero-Willys, que imediatamente chamava a atenção com sua nova grade dianteira prateada com frisos horizontais que lhe tomavam toda a frente, sem a divisão no meio que, como já vimos, era típica nos desenhos de Brook Stevens para os produtos da Willys brasileira.

A Willys nessa época já tinha consciência que pouco podia fazer com o intuito de modernizar o Aero sem que houvesse grandes investimentos, devido a sua concepção antiga e ao fato de já estar recebendo melhoramentos desde seu lançamento em 1960. Algumas modificações ainda podiam e foram feitas, mas com resultados práticos limitados, principalmente na parte mecânica. Então a Willys procurou um novo foco, fazendo com que o carro pudesse, através de intervenções estéticas e um maior detalhamento do acabamento, atingir um público mais sofisticado que estivesse procurando um automóvel de luxo a um custo, digamos, justo.

Como já foi dito, essa versão mais sofisticada foi batizada de Itamaraty, numa referência direta ao histórico Palácio do Itamaraty do Rio de janeiro,

A glamourosa festa de lançamento do Itamaraty no edifício ainda inacabado Manchete, no Rio de Janeiro.

que sediou durante muitos anos o Ministério das Relações Exteriores. A fachada do prédio foi reproduzida na capa do manual do proprietário.

Numa época em que a oferta de carros de luxo no Brasil era bem limitada, os consumidores mais exigentes tinham como opção apenas carros importados (novos ou usados) a um custo muito alto, ou os sedãs nacionais mais luxuosos como o Simca Présidence ou o FNM 2000, que apesar do luxo mantinham os problemas mecânicos herdados dos modelos que os inspiraram, ou sofriam pela pequena rede de assistência técnica disponível.

A nova frente e a nova traseira do Itamaraty.
No detalhe, o exclusivo e completo jogo de ferramentas.

O lançamento do novo automóvel foi cercado de muito *glamour*, uma vez que o evento foi realizado durante o baile de apresentação das dez senhoras mais elegantes da sociedade brasileira, organizado pelo colunista social Ibraim Sued e idealizado pelo publicitário Mauro Salles. O baile foi realizado no saguão de entrada do ainda inacabado edifício Manchete, na praia do Flamengo, no Rio de Janeiro; e a decoração contava com um reluzente Itamaraty vermelho no palco. Durante o banquete, foram distribuídos exemplares da edição especial da revista *Manchete* trazendo um belíssimo ensaio fotográfico com as "dez mais", sempre com a presença de um ou mais Itamaratys.

Esse evento incluía o leilão do Itamaraty que estava no palco, cuja arrecadação seria destinada a nove instituições de caridade. Na época, o novo automóvel custava 11.460 cruzeiros, e o vencedor do leilão foi o senhor

Adolfo Gentil, com o lance de 22.550 cruzeiros. A Willys adicionou mais 10.000 cruzeiros para a doação.

Entre os muitos detalhes de bom gosto dessa festa podemos destacar um dos pratos principais, a "Lagosta à Itamaraty".

O Itamaraty ganhou nova grade com frisos horizontais.

Visualmente as diferenças estavam na já comentada grade dianteira, na nova traseira com lanternas horizontais também frisadas para acompanhar a grade dianteira e nas novas calotas com sobrearo cromado. Havia também um friso que percorria toda a lateral da carroceria a partir do para-lama dian-

A traseira ganhou novas lanternas frisadas e um elegante emblema "Itamaraty" na fechadura do porta-malas.

teiro, logo após um vistoso emblema "Itamaraty". Mais uma vez ficava provada a criatividade do Departamento de Estilo da Willys, já que com essas mudanças o Itamaraty até parecia um novo carro.

Como o Itamaraty usava a mesma estrutura do Aero, o espaço para as pernas dos passageiros do banco de trás continuava um tanto limitado, porém, no acabamento interno, o automóvel contava com diversos itens de luxo que normalmente eram oferecidos como opcionais, porem nesse caso vinham como equipamentos originais de fábrica, tais como estofamento de couro com desenho exclusivo, rádio com dois alto-falantes, pneus com faixa branca, luzes branca (de cortesia) e vermelha (de segurança) instaladas nas portas e acionadas quando essas eram abertas, luzes de leitura "tipo avião", limpador de para-brisa elétrico com duas velocidades auxiliado pelo esguichador de água de acionamento manual, ventilador com duas velocidades, bolsas para jornais e pequenos objetos, apoio escamoteável para os braços no banco traseiro e acendedor de cigarros (o Itamaraty foi o primeiro carro nacional a possuir acendedor de cigarros embutido dentro do cinzeiro também para os passageiros). O painel e seus instrumentos seguiam o mesmo esquema do Aero-Willys, porém os instrumentos tinham fundo branco, o que conferia um ar mais refinado ao conjunto.

Painel com instrumentos em fundo branco e luzes de leitura "tipo avião" eram detalhes sofisticados do Itamaraty.

O acabamento do carro era muito bom para os padrões da época, pois a Willys caprichou em detalhes como borrachas bem assentadas, revestimentos bem colados e excelente impermeabilidade à chuva e ao pó, coisas incomuns na maioria dos carros nacionais de então. O assoalho era acarpetado, assim como o porta-malas, onde ficavam acondicionados um macaco e um completíssimo jogo de ferramentas de dar inveja aos proprietários até de carros importados. O capô recebia uma generosa camada de revestimento acústico, além de uma manta, tornando o carro o mais silencioso do mercado brasileiro.

A Willys, sempre muito atenta ao marketing, decidiu no início de 1966 entregar um dos primeiros Itamaratys para uso exclusivo do então presidente da República, o marechal Castello Branco, um modelo na cor preta com forrações internas em cinza que possuía luxo compatível ao carro importado que ele veio substituir, um Mercedes-Benz Classe S.

Como estratégia de marketing, um dos primeiros Itamaratys foi entregue para uso da presidência da República. Repare na haste instalada no para-lama como porta-bandeira.

Mecanicamente, o Itamaraty era quase idêntico ao Aero, com o mesmo motor alimentado por dois carburadores e equipado com as mesmas melhorias (novos anéis, novos pinos de pistão, novas buchas do comando de válvulas), além de apresentar o mesmo desempenho ao atingir velocidades próximas de 140 km/h, precisando de 21 segundos para atingir os 100 km/h. Nada mau para os padrões da época.

Porém a grande novidade técnica, tanto para o Aero-Willys como para o Itamaraty, foi a troca do dínamo pelo alternador, já que na época todos os carros nacionais vinham equipados com o aparelho, responsável por gerar corrente contínua e produzir toda a energia elétrica utilizada pelo carro (lâmpadas, rádio, motor de arranque, faísca das velas etc.), funcionando na mesma rotação do motor através de uma correia conectada à polia. Era ele que mantinha a bateria sempre carregada.

Com outras soluções já presentes no mercado, a utilização do dínamo estava se tornando questionável, uma vez que a produção de eletricidade através da energia mecânica era feita com coletor de escovas, que, com o atrito, causava faíscas e consequentemente perda de eficiência. Por isso, depois de algum tempo de uso, era comum a bateria não ser totalmente recarregada, problema percebido principalmente na hora de ligar o motor, quando a pouca carga acumulada não era o suficiente para movimentar o motor de arranque. Nessa hora usava-se um recurso pouco conhecido hoje em dia, que era fazer o motor funcionar "no tranco". Uma vez que o motor voltasse a funcionar, a bateria voltava a receber carga do dínamo que era mais eficiente em altas rotações, já o alternador recarregava a bateria mesmo em marcha lenta.

O Itamaraty tinha a suspensão mais macia, o que proporcionava maior conforto, e ganhou, assim como o Aero-Willys, uma importante melhoria mecânica com a adoção do alternador, que substituiu o dínamo.

Propaganda do Itamaraty veiculada na revista americana *Time*.

A linha Willys foi a primeira a substituir o dínamo pelo alternador, que, além de evitar as incômodas descargas de bateria, possibilitava um maior uso de acessórios elétricos por produzir energia mesmo em marcha lenta, coisa que o dínamo só era capaz de fazer se a rotação do motor fosse mantida alta. Hoje ninguém mais se lembra dessas dificuldades, pois todos os carros são equipados com alternador.

Voltando ao Itamaraty, a suspensão recebeu nova calibração a fim de torná-la mais macia, compatível com um carro de luxo, mas a estabilidade ficou um pouco prejudicada. Importante era que o objetivo estava sendo atingido, pois o comprador de um Itamaraty não esperava um desempenho esportivo, mas sim conforto e sofisticação.

As vendas do Aero-Willys caíram pela primeira vez nesse ano, mas nada que assustasse a empresa, pois parte de seus consumidores migrou para o Itamaraty, que vendeu bem, resultando em crescimento da venda conjunta dos dois modelos. Porém, as coisas já começavam a mudar, pois num artigo assinado por Mauro Salles e publicado em setembro de 1966 sob o título "Nosso automóvel tem futuro?", podíamos sentir a mudança de ares. A situação da Willys naquele momento era dúbia, pois embora fosse grande no Brasil, não tinha como crescer e competir em nível global. Taxativamente o artigo dizia que "A Willys, já ligada à Renault, na área europeia, buscará apoio na American Motors ou até mesmo na Chrysler ou acabará engolida". Menos de um ano depois surge a Ford...

A Willys apresentava um importante crescimento com a inauguração das instalações no Nordeste para linha de montagem de utilitários, com capacidade de 560 veículos por mês.

Seguindo seu ritmo de crescimento e diversificação, em 14 de julho de 1966 foi inaugurada a Willys do Nordeste, quando o primeiro Jeep "Chapéu de Couro" lá fabricado foi doado para as obras assistenciais de dom Hélder Câmara.

Concorrentes

O Aero-Willys sempre foi líder de mercado em sua categoria, mas o futuro não lhe prometia uma vida nada fácil, já que a Ford não escondia de ninguém que preparava um novo carro para concorrer nessa faixa de mercado. Na época não havia nenhuma certeza, mas muitos desconfiavam que o novo carro da Ford podia ser o Taunus da Ford alemã ou o Galaxie americano.

A Simca, agora propriedade da Chrysler, continuava a oferecer a série Tufão, com o seu tradicional motor V-8, e a série Emi-Sul com o mesmo motor V-8 aperfeiçoado com o kit Ardun, que substituía os antigos cabeçotes planos e as válvulas laterais por câmaras de combustão hemisféricas e válvulas no cabeçote, mas as outras partes móveis do motor nem sempre suportavam

O Chambord Emi-Sul tinha muita potência e pouca confiabilidade: o fim da Simca estava próximo.

a potência extra gerada pelo kit Ardun. A Simca, porém, enfrentava uma séria crise financeira, que foi agravada pelos problemas mecânicos apresentados pelo Emi-Sul, refletindo nas vendas decrescentes do já cansado Chambord. Lamentavelmente o fim desse concorrente estava muito próximo.

Já a FNM estava negociando a fabricação do modelo GT Onça, cuja produção estava sendo planejada para dez unidades por mês. Os modelos FNM 2000 e FNM 2000 Timb (Turismo Internacional Modelo Brasil) continuavam em produção sem apresentar novidades e os planos para a fabricação dos carros Mini da British Motor Corporation (BMC) continuavam parados.

As vendas no mercado de sedás grandes se comportaram da seguinte forma:

TABELA DE VENDAS EM 1966		
MODELOS	VENDAS	PORCENTAGEM
FNM 2000	296	1,3 %
Simca Chambord	4.261	19,5 %
Simca Présidence	67	0,3 %
Simca Rallye	609	2,8 %
Simca Esplanada*	116	0,5 %
Aero-Willys	10.812	49,6 %
Itamaraty	5.621	25,8 %
TOTAL	21.782	100 %

* O Esplanada foi lançado no final do ano, no Salão do Automóvel, como modelo 1967.

Propaganda que mostrava todas as cores disponíveis para o Aero-Willys 1966.

1967 – UM ANO
COM MUITAS NOVIDADES

Em 1967, a Willys não fabricava só veículos; produzia também motores marítimos tanto de seis quanto de quatro cilindros (Gordini), grupos de solda, geradores e unidades de força. Nesse ano, seguia sendo uma das mais importantes indústrias do país, com uma participação destacada no mercado automobilístico, e o Aero-Willys e o Itamaraty, que mantinham grandes participações nas vendas da empresa, apareceram com boas novidades.

Em 1967, o Aero-Willys ganhou novas lanternas traseiras e novo para-choque.

Nesse ano, o Aero-Willys ganhou lanternas traseiras divididas em três, com os indicadores de direção e as luzes de ré separados. O para-choque traseiro foi levemente redesenhado. Internamente novos bancos de couro foram disponibilizados como opcionais, e havia agora um novo painel com seis instrumentos, um maior ao centro (velocímetro com hodômetro total e parcial), dois pequenos à direita (marcador de nível de combustível acima e termômetro do motor abaixo) e mais dois pequenos à esquerda (amperímetro acima e manômetro de óleo abaixo), sendo todos em fundo preto. Me-

Novo painel, agora com cinco mostradores e a tradicional base em jacarandá.

canicamente, a única mudança foi na caixa de direção, que ficou mais macia graças à desmultiplicação, que passou de 20:1 para 24:1, mudança válida também para o Itamaraty.

Ainda em relação à mecânica, havia outras boas novidades para a linha Itamaraty, que além da direção mais suave ganhou um motor mais possante, de 3.014 cm^3 e 132 cv a 4.400 rpm, com novo coletor de admissão que acomodava o também novo carburador de duplo corpo fabricado pela DFV. Era um "novo" motor indicado através de um discreto 3000 fixado na tampa traseira, agora mais silencioso por conta da forração colocada internamente no capô. Agora a relação de compressão era de 8:1, fazendo com que facilmente fosse atingida a velocidade de 145 km/h.

O emblema "3000" (à esquerda) acusava a nova cilindrada do motor do Itamaraty (ao centro), assim como uma plaqueta aplicada no filtro do motor (à direita).

Esteticamente, o Itamaraty ganhou nova grade dianteira (sempre mantendo no seu formato a lembrança da frente do Aero-Willys) com luzes direcionais (que também eram lanternas) retangulares, que podiam vir com lentes na cor branca ou âmbar, novos frisos laterais que ajudavam a baixar o perfil, novas maçanetas, novas calotas e teto de vinil como opcional. O capô do motor ganhou um adorno na ponta e, logo abaixo, o emblema "Itamaraty" em letras separadas.

Internamente, apresentava um painel também reestilizado, porém mantendo a base de jacarandá-da-bahia, a mesma disposição dos instrumentos do Aero-Willys, só que com os mostradores em fundo branco, além dos comandos de luzes e de ventilador no estilo aviação, com pequenas alavancas. Também foi apresentado um novo volante com novo desenho de três raios, sendo a buzina acionada em três pontos num conjunto cromado com detalhes em jacarandá. Havia também o lavador do para-brisa acionado eletricamente (marca Trimol), o que ajudava ainda mais na sofisticação do novo modelo. Uma novidade exclusiva foi o aparelho de ar-condicionado (o alternador permitiu esse avanço) oferecido como opcional. O Itamaraty foi o primeiro carro nacional a oferecer o acessório, que, na prática, não era tão eficiente, pois os difusores de ar ficavam no porta-pacotes, atrás do banco traseiro, e o carro não tinha vidros esverdeados nem isolamento térmico adequado para que o ar ficasse realmente fresco. A revista *Mecânica Popular* relatou que em dias de sol a temperatura na cabine caía somente 2 °C; com o

O Itamaraty ganhou nova grade, novos frisos laterais e novas calotas.

ar-condicionado ligado em dias de mormaço; sem sol essa diminuição chegava aos 10 ºC em relação à temperatura exterior.

Como o carro originalmente não foi projetado para ter ar-condicionado, era óbvio que a Willys teria que fazer algumas adaptações. O compressor, por exemplo, ocupava espaço do cofre do motor e dificultava uma simples troca de filtro de óleo, que passou a ficar embaixo do filtro de ar. A tubulação passava por baixo do carro até

O novo emblema na coluna traseira.

chegar ao porta-malas, onde os sopradores ficavam instalados somente no porta-pacotes, atrás do encosto do banco traseiro; ou seja, em dias muito quentes os passageiros do banco de trás eram privilegiados. Para o motorista e os demais ocupantes do banco da frente a eficácia do novo acessório era relativa, pois as pernas continuavam a receber o calor oriundo do motor. O comando do ar-condicionado era feito através de um pequeno comando com dois botões, que ficavam fixados embaixo do painel, bem no centro, abaixo do rádio.

O luxuoso estojo de ferramentas cromadas continuava a dar um toque de exclusividade ao automóvel.

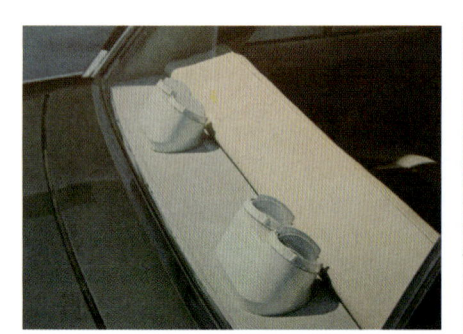 

Detalhes do Itamaraty: à esquerda, a saída do ar-condicionado atrás do banco traseiro. À direita, o painel com instrumentos em fundo branco, novo volante e comando de luzes e ventilação com botões estilo aviação (no detalhe), logo abaixo dos mostradores.

A limusine Itamaraty Executivo, um capítulo a parte

Em 1967, havia apenas oito opções de fabricantes no mundo que ofereciam limusines originais de fábrica que eram: o Mercedes-Benz 600 Pullman, o Daimler Majestic, o Rolls-Royce Phantom V, o Vanden Plas Princess, o Zil 1116, o Valiant Limousine, o Nissan Prince Royal e o Cadillac Fletwood 75. Com a chegada do novo e exclusivo Itamaraty Executivo, da Willys-Overland do Brasil, seriam agora nove fabricantes.

No 5º Salão do Automóvel em São Paulo, o público se encantou com a novidade da Willys, a limusine brasileira chamada Itamaraty Executivo.

Foi nesse ambiente, no final de 1966, que a Willys mais uma vez surpreendia não só o mercado como todos os participantes do 5º Salão do Automóvel quando apresentou uma versão ainda mais sofisticada do Itamaraty, uma limusine denominada Executivo, a única fabricada no Brasil em série até hoje, com carroceria exclusiva, sem ser um simples alongamento da parte central do automóvel que lhe serviu de inspiração, no caso o Itamaraty.

A ideia de se construir uma limusine nasceu na administração do então presidente da Willys-Overland do Brasil William Max Pearce, que ocupou na Willys os cargos de diretor industrial e diretor administrativo até chegar à presidência da empresa, posto em que permaneceu até a venda da mesma para a Ford. Posteriormente colaborou como consultor e representante dos interesses da Kaiser na própria Ford até retornar aos Estados Unidos.

William Max Pearce tinha uma visão muito particular de como promover os produtos da Willys. Bom exemplo disso foi o lançamento do novo Aero-Willys 2600, que ocorreu primeiro no Salão de Paris de 1962, pois, segundo sua visão, se o automóvel fosse lançado primeiro no Brasil não alcançaria a repercussão necessária para promover aquele que foi um dos maiores projetos automobilísticos já realizados no país.

A produção da limusine também era uma boa sacada de marketing, pois foi intencionalmente construída em número limitado e com o objetivo de dar ainda mais prestígio à marca. Parte desse marketing incluía a entrega, durante o 5º Salão do Automóvel, de um modelo com características únicas para uso exclusivo do presidente da República. Os outros exemplares serviriam a ministérios, governos estaduais e alguns poucos empresários.

Exemplar da limusine destinada à presidência da República.

A imprensa especializada já vinha antecipando a existência do projeto, e um dos fatores que criaram grande expectativa era a crença de que o automóvel a ser oferecido para a presidência da República seria equipado com vidros à prova de balas, com carroceria blindada, sendo o habitáculo "revestido com chapas de aço à prova de bala" e poltronas reclináveis ou giratórias que permitiriam usar o automóvel como escritório "dentro do maior conforto". Outras características seriam implementadas em todos os exemplares, tais como "todas as vidraças serão acionadas eletricamente". Em suma, como escreveu uma revista especializada, "o estouro será o Aero-Willys Presidencial e Executivo", fazendo crer que poderia haver duas versões da limusine, o que ao final ocorreu, porém só com modificações no habitáculo traseiro com a nomenclatura Especial e Standard.

Em entrevista para a *Quatro Rodas* de maio de 1966, Max Pearce disse que se encontrava em estudo a produção de um automóvel destinado a uma faixa especial de mercado, próprio para grandes cerimônias e para ser usado por elementos de projeção de governo e alguns dirigentes de empresas privadas.

Outra publicação de época relatou que o Executivo apresentava um padrão de luxo e conforto até então nunca visto em carros nacionais. Descrevia o automóvel com mais dados que reforçariam o folclore que já havia sido criado quando dizia que o vidro separador interno seria blindado e que o modelo especial destinado à presidência da República seria munido de equipamento para corpo de segurança e... metralhadoras.

Internacionalmente, as referências vieram da revista italiana *Quattroruote*, na edição de janeiro de 1966, que publicou um longo artigo sobre a indústria automobilística brasileira, com uma bela foto de toda a linha Willys encabeçada pela limusine, que recebeu os mais altos elogios com descrições como: "A verdadeira novidade, representada por uma versão especial do Itamaraty, destinada aos clientes de alto nível, chama-se Executive e pode ser comparada ao 600 Pullman da Mercedes. Os fabricantes frisaram que essa é a primeira limusine fabricada no país. Provavelmente serão produzidas pouquíssimas".

Montagem da carroceria da limusine na Karmann-Ghia: à esquerda, com a abertura da janela traseira da Itamaraty; à direita, já reduzida no formato final.

Nem tudo o que se esperava se tornou realidade, porém todas as expectativas ajudaram a dar mais notoriedade à limusine mesmo antes de ela ser apresentada ao público.

Finalmente o lançamento oficial se deu no 5º Salão do Automóvel, que se realizou no pavilhão da Bienal do Ibirapuera, em São Paulo, entre 25 de novembro e 12 de dezembro de 1966, com a entrega do modelo Especial (E-340 chassi 05), que teria sido encomendado pelo gabinete da presidência, ao então presidente da República, o marechal Castello Branco. O presidente passou uma hora no salão, examinando a limusine que a imprensa divulgava como sendo blindada e com suportes para armamentos de emergência. Na verdade, esse modelo não era blindado, mas possuía alguns equipamentos a mais do que os outros, como o rádio transmissor (colocado no porta-malas, com uma bateria suplementar), suportes para os pequenos mastros das bandeiras nas laterais dos para-lamas dianteiros, pequenos brasões da República nas colunas traseiras, plataformas escamoteáveis e alças externas para uso dos seguranças (na altura do vidro central), além de uma televisão e de um velocímetro no console central do habitáculo traseiro. Somente esse veículo, de toda a série,

usava o brasão da República no lado de fora e entre os bancos traseiros, uma vez que seu interior
seguia o esquema das limusines modelo Especial.

Ao final da visita, o marechal disse sorriden-
te: "Quem vai comprar isso é o Costa e Silva".

Naquele salão, a Willys estava instalada
num estande de 1.700 m², bem no centro do
pavilhão de exposições, e levou 23 automóveis
para mostrar ao público, entre os quais chamavam a atenção o Executivo presidencial, um
Executivo Standard, um Willys Fórmula 3,

Presidente Castello Branco testa a limusine no Salão
do Automóvel, e aprova!

um protótipo com motor entre-eixos, um Overland 1903 e um belíssimo
Willys-Knight 1928 (que participou do filme *Meu pé de laranja-lima*. Além
dos automóveis e dos utilitários, havia outros produtos fabricados pela empresa, como os motores marítimos, conjuntos de solda, geradores etc.

Com relação a custos, para que possamos
ter uma ideia, o Executivo Especial custava o
equivalente a quatro Volkswagens Sedan, ou
seja, 27.003 cruzeiros, ou quase dois Itamaratys no valor de 13.947 cruzeiros. Mesmo o
Galaxie, lançado pela Ford no mesmo Salão
do Automóvel, acabava sendo mais barato, a
um custo de 21.909 cruzeiros. Esses números,
no entanto, são muito relativos, uma vez que
o propósito do lançamento das limusines não
foi comercial, mas sim puro marketing. Uma
curiosidade: o então governador do estado de
São Paulo, Roberto de Abreu Sodré, chegou na
fábrica da Ford para o lançamento do Galaxie
a bordo da limusine Executivo, que serviu ao
Governo do Estado!

No total, foram fabricadas 27 limusines,
sendo dois protótipos (fabricados em 1966),
dezenove Standards e seis unidades do modelo
Especial. A carroceria e o ferramental emprega-
do para executá-la foram desenvolvidos em con-

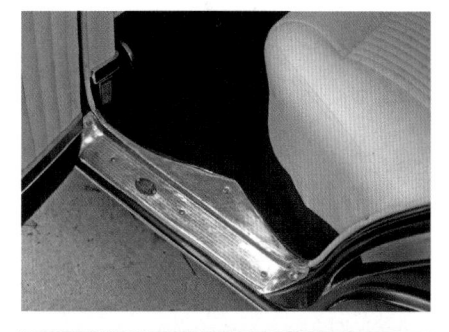

Plaqueta aplicada na soleira das portas indicando a
fabricação da carroceria pela Karmann-Ghia.

junto com a Karmann-Ghia, sendo que alguns exemplares tinham gravado
numa pequena placa nas soleiras das portas traseiras os dizeres "carroceria
Karmann-Guia". Essas plaquetas tinham formato e desenho fortemente inspirado nas plaquetas "Body by Fischer" aplicadas nos carros da General Motors. A modificação consistiu na construção de uma carroceria monobloco
com uma distância maior entre as portas para acomodar as duas banquetas
escamoteáveis e dar mais espaço para as pernas dos ocupantes do habitáculo
traseiro e entre a porta traseira e o porta-malas. É importante notar que parte

desse ganho de dimensões foi obtido também devido à limitação de espaço para o motorista, já que o banco dianteiro não permitia regulagens.

Das duas versões, a mais simples, nomeada Standard, era tecnicamente conhecida como série 6-1152 S-340, com diversas características exclusivas, porém menos luxuosa que o modelo Especial, da série 7-1153 E-340. Independentemente dessas versões de padrão da fábrica, podiam ser incluídas particularidades ao gosto do cliente, simplificando ou sofisticando cada modelo.

A grande diferença entre o Executivo e o Itamaraty "normal" estava no habitáculo para os passageiros, pois havia, na versão Standard, espaço para cinco pessoas, sendo três no banco propriamente dito e dois nos banquinhos escamoteáveis situados nas laterais da parte central do automóvel. O modelo era equipado com vidro divisor de acionamento elétrico (o primeiro

Os banquinhos escamoteáveis levavam mais dois passageiros, e no console ficavam o rádio com quatro faixas e o botão de acionamento elétrico do vidro que separava o motorista dos passageiros.

do Brasil) separando o motorista, rádio com quatro faixas de ondas, toca-fitas de cartucho Clarion Car Stereo, apoio móvel para os pés, detalhes de acabamento em jacarandá-da-bahia maciços, vidro esverdeado no para-brisa e no vidro traseiro, ar-condicionado de série e uma exclusivíssima plaquinha em prata indicando que o veículo havia sido "Fabricado especialmente para...".

A versão Especial tinha todos esses requintes, mas capacidade para apenas quatro passageiros (dois no banco traseiro e dois nos banquinhos escamoteáveis), pois o banco traseiro era separado por um console fixo que possuía em seu interior um gravador Sony, um barbeador Remington Roll-a-Matic, um toca-fitas de cartucho Clarion Car Stereo, espaço para guardar as fitas de cartucho, além dos controles de luzes internas, separador de vidro entre as cabines e acendedor de cigarros. Interessante notar que no topo de linha o padrão do estofamento foi inspirado no que fora usado no Itamaraty 66, sendo então composto de grandes retângulos delineados por costura, com botões nas extremidades.

Os interiores eram sempre em couro, na sua maioria, da cor havana no habitáculo dos passageiros e da cor preta na parte do motorista. Entretanto é conhecido um exemplar com havana nas duas cabines. O estofamento era oferecido nas cores havana, preto, cinza e branco. O interior do modelo Standard seguiu a padronagem dos Itamaratys, com costuras verticais e gomos nas bordas.

Os automóveis saíam de fábrica geralmente na cor preta, pois se conhecem apenas quatro exemplares de outra cor, sendo dois azuis-marinhos (um deles foi de uso da Willys, posteriormente pintado de preto pela própria fábrica) e dois verdes. Dos automóveis atualmente conhecidos apenas um não é preto e sim azul, porém não original.

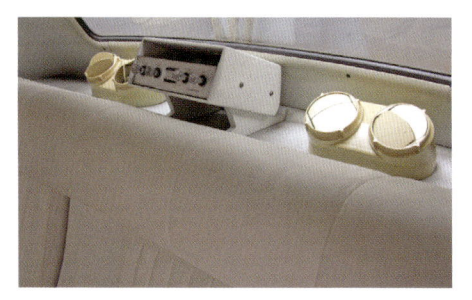

Dos 27 automóveis produzidos, 22 tiveram até agora seus primeiros proprietários identificados. Hoje só se conhecem 19 "sobreviventes", que estão, na sua maioria, na mão de colecionadores. Em alguns casos foram modificadas certas características originais, colocando-se, por exemplo, teto solar, calotas e sobrearos, detalhes de anos anteriores, espelho retrovisor no lado direito, brasões da República, além de modificações no padrão do estofamento, entre outras mudanças mecânicas.

Atrás do banco eram instalados o toca-fitas e as saídas do ar-condicionado.

Como parte da sofisticação, as limusines Executivo não seguiram um padrão rígido de acabamento, pois eram fabricadas uma a uma, mas certas características de fabricação identificam claramente se os proprietários fizeram modificações, alterando as características originais de fábrica e até de época.

É interessante notar que alguns automóveis saíram de fábrica com detalhes que lhes conferiam exclusividade ainda maior, como o grande teto solar do Especial número 4, que pertenceu ao governo do estado de São Paulo.

A ordem de fabricação não respeitou a ordem numérica dos chassis, e o penúltimo Executivo a sair da fábrica (na época a Ford já era dona da Willys) foi o Standard número 16, que foi vendido para a prefeitura da cidade gaúcha de Pelotas em julho de 1969. Era um modelo bastante simplificado, pois não tinha o nome Itamaraty nem o detalhe prateado no capô (já ao estilo Ford). Tinha a grade dianteira do Itamaraty 68, mas não vinha com os frisos nos para-lamas e, internamente, não possuía o console onde estavam o rádio, o acendedor de cigarros, o controle de luzes e o acionamento do vidro divisor. Essa configuração sem console também aparecia nos Executivos que serviram ao Ministério das Relações Exteriores. Agora esse automóvel externamente se parece com os outros porque o atual proprietário fez modificações a fim de igualá-lo aos modelos iniciais fabricados pela Willys em 1967.

Segundo estudo do pesquisador Enio Brandenburg, em 1966, foram produzidos dois protótipos e dois modelos de linha, já como série 1967, 21 foram produzidos em 1967 e finalmente dois últimos foram fabricados em 25 de julho e 13 de agosto de 1969, totalizando as 27 unidades produzidas.

Foram fabricadas 27 limusines Itamaraty. A Willys não priorizava o lucro e sim o prestígio da marca, objetivo que conseguiu alcançar.

Poucos desses veículos foram vendidos para particulares já que dois foram para a presidência da República (S-4, supõe-se, e E-5), seis para alguns governos estaduais (S-10 Bahia, S-15 Mato Grosso, E-2 Minas Gerais, E-3 Guanabara, supõe-se, E-4 São Paulo e E-6 Rio Grande do Sul), três para o Ministério das Relações Exteriores, que usaram pelo menos as licenças M.R.E. 85 e 86 (S-6, S-8, S-13), um para o Ministério da Aeronáutica (S-11), um para o Tribunal de Justiça do Paraná (S-1) e um para a Prefeitura de Pelotas (S-16). Dos demais que se tem notícia, três foram vendidos para empresas e cinco para pessoas físicas.

Dos vendidos para instituições governamentais, apenas dois permanecem nessa situação: o do Ministério da Aeronáutica (S-11), que está exposto ao lado do avião Viscount, que serviu à presidência da República no Museu Aeroespacial do Campo dos Afonsos no Rio de Janeiro, e o do governo do Mato Grosso (S-15), que, numa atitude louvável, tombou o automóvel, que agora é parte integrante do patrimônio histórico do Palácio Paiaguás, sede do governo do Mato Grosso. O automóvel encontra-se parado já há algum tempo aguardando verba para ser restaurado.

Muitos fatos interessantes ocorreram com os Executivos, mas um é curioso e aconteceu com o exemplar usado pelo governo do estado de São Paulo (E-4), durante o mandato do governador Abreu Sodré. Certa noite, em meados de 1968, o automóvel foi metralhado por terroristas no bairro do Pacaembu com o governador a bordo; ele só não se feriu porque estava recostado no banco traseiro com os pés apoiados na banqueta retrátil. Mesma sorte não teve o motorista, que foi ferido nas pernas. Consta que, durante a reforma, o atual proprietário teria encontrado uma das balas alojada no interior de uma das portas.

Com exceção do Rolls-Royce da presidência da República, nenhum outro automóvel serviu a tantos presidentes quanto o Executivo E-5. Para se ter

O Executivo em ação, transportando o presidente Castello Branco.

uma ideia, o modelo serviu a sete presidentes da República e teve sua última grande aparição pública na posse do ex-presidente Collor, quando então foi usado para levar a ex-primeira-dama, que seguia o Rolls-Royce presidencial. Infelizmente, na febre de desmobilização do governo na conturbada era Collor-Itamar Franco, o histórico automóvel foi levado a leilão.

O Executivo também transportava autoridades internacionais em visita ao Brasil. À esquerda, a rainha Elizabeth II da Inglaterra. À direita, transportando o príncipe Akihito do Japão.

Entre os diversos visitantes ilustres que se serviram dos Executivos do Ministério das Relações Exteriores, podemos citar a rainha Elizabeth II da Inglaterra, o príncipe Akihito e a princesa Michiko do Japão, a primeira-ministra da Índia, Indira Ghandi, pois o MRE utilizou três limusines para o transporte de autoridades estrangeiras.

Como curiosidade vale citar que a IKA também fabricou em 1960 três ou quatro limusines Carabela em caráter experimental, e hoje não se sabe o paradeiro dessas raridades.

Mecanicamente, o Itamaraty Executivo era igual ao normal, com a mesma direção mais suave, o motor mais potente, de 3.014 cm³ e 132 cv a 4.400 rpm, e as demais inovações introduzidas na linha de 1967.

Alguns dos Executivos saíram da fábrica muito tempo após o lançamento e isso se deveu não à falta de mercado, mas ao fato de a Ford ter se tornado dona da Willys em meados de 1967. Dessa forma, entende-se que não havia, então, maior interesse por parte do novo acionista em continuar a promover o modelo de prestígio da Willys. Além disso, o lançamento do Galaxie no 5º Salão do Automóvel estava concentrando toda a atenção da Ford, que queria mostrar ao consumidor brasileiro uma nova concepção de automóvel de luxo, que, sem dúvida, era mais avançada do que a oferecida pela Willys no momento. De qualquer forma, mesmo depois da fusão, a Ford continuou a respeitar o produto de destaque da Willys, incluindo na cena final do filme promocional *A união fez a força* um belo Executivo fazendo uma curva em direção ao Congresso Nacional em Brasília.

Isso explica o fato de alguns Executivos terem sido vendidos muito tempo depois de seu lançamento, já que, segundo relato de antigos proprietários, o Executivo Standard número 14 teria sido o último fabricado antes da ven-

O Executivo foi um dos carros mais importantes da indústria automobilística brasileira e hoje é muito cobiçado pelos colecionadores.

da da Willys e permaneceu "escondido" na fábrica por alguns anos até ser finalmente vendido a um particular.

O Executivo, assim como o Itamaraty e o Aero-Willys, não podia ser comparado com o Galaxie por apresentar projeto e tecnologia totalmente diferentes, especialmente se levarmos em conta a distância entre a concepção dos projetos. Pode-se então entender a venda da Willys por parte da Kaiser, que mantinha naquele momento interesses na área automobilística somente na Argentina, através da IKA, e no Brasil, através da Willys. Investimentos numa eventual atualização tecnológica custariam milhões de dólares sem que se tivesse certeza de retorno, prejudicado pela concorrência com produtos mais modernos das três grandes empresas automobilísticas americanas, que pouco tempo depois trouxeram para o Brasil os modelos Galaxie da Ford, Opala da General Motors e Dodge Dart da Chrysler.

A venda para a Ford

Já havia "fumaça" no ar quando o gerente geral da Ford do Brasil, J.C. Goulden, desmentiu que sua empresa havia adquirido o controle acionário da Willys, mas, em abril de 1967, uma notícia deixou muitos consumidores da Willys preocupados... Foi o anúncio de que a Ford Motor Company dos Estados Unidos havia comprado as ações da empresa que pertenciam à Kaiser Jeep Corporation (35,75 por cento) nos Estados Unidos e as ações da Régie Nationale des Usines Renault (12 por cento) na França, tornando-se consequentemente proprietária da Willys-Overland do Brasil S. A.

O *Jornal da Tarde* (grupo *O Estado de S. Paulo*) noticiava em sua edição de 13 de abril de 1967 a chamada "Ford agora é dona da Willys", e em 27 de julho informava que o controle acionário adquirido era formado por 35,75 por cento da Kaiser Jeep Corporation, 12 por cento da Renault e o restante diluído entre acionistas brasileiros em bolsa.

Num artigo publicado em 1995 na *Gazeta Mercantil* sobre a Renault, curiosamente o assunto foi revisitado com a seguinte explicação: "Desinteressada do mercado argentino, mas ávida por conquistar maior fatia no mercado automobilístico brasileiro, a Ford assumiu o controle da Willys do Brasil e impôs ao grupo Kaiser, como condição inegociável, a retirada antecipada da Renault do país. A montadora francesa, que não pretendia deixar a América Latina, concordou em ficar com a subsidiária da Willys na Argentina, para então dar continuidade à sua estratégia internacional de expansão[...]"

Apesar de a venda já ter sido anunciada em abril, William Max Pearce havia enumerado numa entrevista tardiamente publicada na revista *Mecânica Popular* de junho de 1967 as diversas ações que a Willys estaria planejando, como a ampliação e a modernização da fundição em Taubaté, com a construção de um novo prédio com 5.400 m², o aumento da área de ferramentaria. Lembrou também a compra da São Francisco S. A. Máquinas e Ferramentas em 1966 para a fabricação de peças usinadas, o lançamento do "M" (futuro Corcel), a crescente produção em Jaboatão e a instalação do Centro de Pesquisas do Automóvel, onde seriam reunidos os departamentos de engenharia, engenharia experimental, estilo e laboratórios. Ainda anunciou que haveria novos investimentos da ordem de 44 milhões de cruzeiros novos, além de 12 milhões de dólares.

O negócio foi bom para todos, uma vez que a Ford queria crescer no Brasil e comprou uma fábrica dotada de uma rede de assistência pronta, a Kaiser não tinha mais interesse em alocar recursos para acompanhar o desenvolvimento tecnológico frente à concorrência crescente no mercado automobilístico brasileiro e poderia aproveitar o dinheiro da venda na produção dos Jeeps, o que acontecia em 32 países, e a Renault concentraria suas operações na Argentina, onde a Fiat lutava para tomar a liderança da IKA. Do primeiro monocilíndrico fabricado nos Estados Unidos ao Itamaraty Executivo fabricado apenas no Brasil, a marca Willys-Overland, mais conhecida simplesmente por Willys, produziu automóveis capazes de conquistar uma significativa parcela do mercado automobilístico. Apesar da posição de destaque que possuía no mercado brasileiro, o grupo controlador (Kaiser) desejava sair do setor automobilístico e aproveitou o interesse da Ford em ampliar a produção de automóveis de passeio no país para vender a Willys-Overland em meados de 1967. A Ford ainda teve a oportunidade de dar continuidade ao já adiantado Projeto M, que iria reforçar ainda mais a participação de destaque da Willys-Overland na produção de carros médios. Essa acertada decisão de concluir o Projeto M culminou nos bons resultados alcançados pela Ford com a linha Corcel, inquestionavelmente bem-sucedida durante muitos anos.

a união
faz a fôrça

A Ford foi a primeira indústria
automobilística que se instalou no Brasil.
Está aqui desde 1919.
A Willys também é pioneira.
Fabricou o primeiro veículo brasileiro
– o famoso "Jeep" lançado em 1954.
A Ford lançou o primeiro trator
e o primeiro caminhão brasileiros e com
o Galaxie colocou o Brasil em dia
com os mais modernos padrões

automobilísticos mundiais.
A Willys sempre teve a mais completa
linha de veículos no Brasil.
Já produziu aqui mais de 450.000
utilitários e carros de passeio.
Como você vê, Ford e Willys são duas
empresas muito ligadas ao Brasil.
Separadas, fizeram muito.
Imagine o que vão fazer agora,
trabalhando de mãos dadas.

O novo complexo industrial formado pela
Ford e a Willys reúne a experiência
brasileira da Willys à avançada tecnologia
da Ford. Continuará produzindo os
caminhões, os tratores e o Galaxie, da
linha Ford. Os utilitários e os automóveis
Willys, com a qualidade Ford.
E lançará novos modelos.
A união faz a fôrça e traz
benefícios para todos.

Ford Motor do Brasil S.A. Ford **Willys-Overland do Brasil S.A.** W

Propaganda veiculada nas revistas em 1967, apregoando que a chegada da Ford era para somar.
Será que o consumidor acreditaria?

Em 1995, Vignoli, um dos autores deste livro, teve a oportunidade de conversar com William Max Pearce sobre as expectativas que a Willys tinha quanto à concorrência que enfrentaria na época da compra pela Ford. Ele respondeu que não havia preocupação, uma vez que o "M" (Corcel) seria um sucesso e que a Willys estaria preparada para continuar crescendo. Não era o que o acionista achava.

Em negócios de grande porte nem sempre os executivos das subsidiárias sabem exatamente o que está ocorrendo em suas matrizes, e um anúncio publicado na revista *Visão* em março de 1967 parecia fazer um balanço final do que foi a Willys um mês antes de sua venda. O texto era um resumo das atividades da empresa, uma verdadeira despedida que tomamos a liberdade de reproduzir na íntegra, por se tratar de um testemunho vibrante do posicionamento da empresa às vésperas de sua venda.

> *Em 1954 havia muito trabalho, e o Brasil precisava de um veículo forte e valente. Surgiu, então, o primeiro jipe brasileiro. Com tração nas quatro rodas, para dar o dobro de tração, o dobro de segurança, o dobro de eficiência, o dobro em confiança. Abriram-se caminhos onde não havia nada: o Jeep estava lá. E estradas onde só havia caminhos.*

O Jeep estava lá, como ainda está hoje, onde quer que haja trabalho duro para um veículo resistente e versátil. O Jeep pioneiro testemunhou a realidade da jovem indústria automobilística nacional.

Em 1959 veio outro veículo forte, para o trabalho e para levar ao passeio quem com ele trabalhasse: a Rural. Com tração nas quatro rodas, para enfrentar qualquer terreno. Qualquer tempo.

Enquanto isso, nas cidades muita gente queria um carro realmente econômico, prático, de pequeno custo, que muitos pudessem ter. A Willys lançou o Renault. Era 1959 também.

Em 1960 foi a vez do carro maior, com espaço e conforto para seis pessoas, o Aero-Willys.

Estávamos em 1960 ainda. No campo e na cidade o transporte rápido de cargas leves e médias requeria um veículo robusto, mas ágil e de baixo custo no preço e na manutenção. Veio a pickup Jeep, com tração em duas rodas. Que foi seguido, em 1961, pela pickup Jeep com tração nas quatro rodas.

Em 1961, mais um carro, o Interlagos. Carro esporte autêntico que a Willys pioneira deu ao Brasil.

Em 1962, um novo carro. O mais econômico. Bonito. Aperfeiçoado. Resistente. Com motor Renault de 40 cv. O Gordini, hoje Gordini III, campeão mundial de resistência, recordista internacional de tempo e distância.

E o carro de luxo? Em novembro de 1965, chegou o Itamaraty. Um ano depois, mais classe e mais luxo com a limusine Itamaraty Executivo.

Ano passado a Willys produziu 63.942 veículos, superando seu próprio recorde de 1962. A Willys, com essa produção, crescera 18,8 por cento sobre 1965.

A Willys já lançou mais de 420.000 veículos, que estão rodando aí pelo Brasil inteiro. Tudo começou em 1954, quando nasceu o primeiro jipe brasileiro, o mesmo jipe que hoje também é fabricado em Jaboatão, Pernambuco, onde está a primeira fábrica de automóveis do Nordeste. A Willys-Nordeste começou em 1966 e já se prepara para ampliar sua linha com a produção do pickup Jeep e da Rural.

Com sete carros de passeio e utilitários em dezenove versões, a Willys tem a maior linha de produtos da indústria automobilística brasileira. Um veículo para cada tarefa, para cada gosto. Cada um retratando um aspecto do progresso nacional. Mostrando, nas ruas e nas estradas, nas fazendas e nas construções, e nas pistas dos autódromos, como o Brasil progrediu nos últimos doze anos.

Mas o Brasil não vai parar.

Nem a Willys. Que continua crescendo no mesmo ritmo. Realizando novos investimentos.

Planejando novos veículos. E aperfeiçoando ainda mais os já existentes.

Willys-Overland
Fabricante de veículos de alta qualidade

O jornalista e publicitário Mauro Salles, que cresceu profissionalmente com a Willys e acompanhou de perto suas operações, descreveu num belíssimo artigo publicado quando da morte de William Max Pearce (edição de agosto de 2000 da *Quatro Rodas*) o desapontamento que sofreu com a venda da empresa. Imaginemos o clima de uma sala de reuniões com uma grande mesa reunindo diretores da Ford e da Willys, além de poucos e privilegiados espectadores aguardando as palavras daquele que comandou a empresa e seu progresso por tantos anos. Trocando simbolicamente de cadeira com o novo presidente da empresa, Pearce simplesmente falou: "Meus amigos, permitam-me apresentar-lhes Eugene Knudson, meu chefe". Não era preciso dizer mais nada.

Realmente 1967 foi um ano de grandes transformações no mercado automobilístico brasileiro. A Chrysler adquiriu a Simca, a Willys foi comprada pela Ford e finalmente a Vemag (que fabricava os DKWs) foi absorvida pela Volkswagen. O que se viu a partir de então foi uma grande modernização dos automóveis oferecidos ao público brasileiro. Iniciou-se assim a despedida daqueles que podem ser considerados os pioneiros da nossa indústria automobilística, como os carros da linha Chambord da Simca, e os modelos Belcar, Vemaguet e Fissore fabricados pela Vemag. Já a linha Aero-Willys e Itamaraty, por suas características e presença forte no mercado, conseguiram sobreviver, sendo sua produção mantida pela Ford por mais alguns anos, no entanto, a revista *Mecânica Popular* de outubro de 1967, que trazia notícias sobre a venda da Willys na página 12, já tinha na página 14 uma extensa matéria intitulada "Este poderá ser o Opel brasileiro" (futuro Opala). A concorrência efetivamente estava chegando.

Concorrentes

O sucesso do Galaxie, que vendeu mais de 8.000 unidades em seu primeiro ano, logicamente tomou espaço nas vendas dos antigos sedãs disponíveis no mercado e atingiu diretamente o Itamaraty, apesar do preço do Galaxie ser 30 por cento maior.

A Simca apresentou o Esplanada, também no 5º Salão do Automóvel no

Lançado no 5º Salão do Automóvel, no final de 1966, o Ford Galaxie foi um sucesso de público.

final de 1966, já como modelo 1967, com a mesma mecânica Chambord com carroceria totalmente nova, sem o famoso rabo de peixe na traseira, até então marca registrada da Simca. Mas o projeto foi feito às pressas para tentar compensar o fracasso da linha Emi-Sul, e a razão do fracasso acabou sendo mantida, ou seja, a mesma mecânica no qual o público não confiava. Foram fabricados 116 Esplanadas com a marca Simca. Por mais algum tempo, os antigos Chambord, Rallye e Jangada ainda podiam ser encontrados nas revendas, mas em setembro de 1967 a produção desses modelos foi encerrada, coincidindo com o fato de a Chrysler ter assumido de vez as operações da Simca a partir de agosto e anunciado que o Esplanada e o Regente agora

Novo Esplanada da Simca: carroceria nova com a antiga mecânica do Chambord.

eram produtos com qualidade Chrysler; as vendas deram uma pequena reagida.

A FNM, com seus eternos problemas de gestão, continuava oferecendo o FNM 2000 e o Timb, além de constar nas tabelas de preços o Onça, cujo preço era o mais alto de toda a indústria automobilística, 25.000 cruzeiros novos, contra 22.000 cruzeiros novos do Galaxie. Apresentado no Salão do Automóvel no final de 1966, o esportivo Onça tinha a carroceria desenhada por Rino Malzoni e construída de forma artesanal em plástico reforçado com fibra de vidro, apresentando a mesma mecânica do JK, com aumento da taxa de compressão e equipado com dois carburadores duplos horizontais Weber, que possibilitavam um ganho de 20 cv em relação ao JK. Infelizmente o Onça teve vida curta – sua produção foi encerrada ainda em 1967. Segundo alguns antigos funcionários da FNM, a produção não teria passado de sete automóveis.

As vendas no mercado de sedãs grandes se comportaram da seguinte forma:

TABELA DE VENDAS EM 1967

MODELOS	VENDAS	PORCENTAGEM
FNM 2000	731	2,7 %
Simca Chambord	480	1,7 %
Simca Rallye	1	0,003 %
Simca Esplanada	2.354	8,7 %
Simca Regente	1.065	4 %
Aero-Willys	8.892	32,8 %
Itamaraty	7.780	17,6 %
Ford Galaxie	8.773	32,4 %
TOTAL	27.076	100 %

ITAMARATY 67
Primeiro carro brasileiro Classe "A"
-o único com ar condicionado.

Você pode usar a garantia do seu carro em qualquer lugar do Brasil?

Do Aero-Willys você pode.

Quando dizemos que você pode usar a garantia do seu Aero-Willys em qualquer lugar do Brasil, estamos dizendo qualquer lugar mesmo – Acre, Rondônia, Amazonas, Pará, Mato Grosso, Goiás e em todos os estados brasileiros.

O Aero-Willys tem 445 Revendedores Autorizados, 3.000 hábeis mecânicos treinados na própria fábrica e milhares de peças genuínas, disponíveis em todo o país.

E nem podia ser diferente: há 8 anos consecutivos o Aero-Willys é o carro grande mais vendido do Brasil. Tem o maior valor de revenda entre os carros de seu

preço. E é, indiscutivelmente, o melhor carro nacio de sua classe. Antes de comprar seu nôvo carro, p se nisso tudo.

Um carro só é bom quando você pode usar a gar tia dêle, em qualquer lugar. Em qualquer lugar mes Pense no seu dinheiro. E na sua tranqüilidade. Co pre um Aero-Willys.

AERO-WILLYS

O Aero-Willys tem 110 HP a 4.400 rpm; 6 cilindros, 2638 cc, 4 marchas par a frente, tôdas sincronizadas; bateria de 12 volts e gerador tipo alternador diferencial auto-blocante (opcional). É total confôrto para 6 pessoas.

Adquira também o Aero-Willys 68 através do Consórcio Nacional.

1968 – AINDA COM JEITO DE WILLYS

Com a venda para a Ford, os modelos Aero-Willys e Itamaraty foram enviados para Detroit para que fossem avaliados pelos técnicos americanos, mas, além de algumas poucas fotografias, não existem nos arquivos da Ford em Dearborn nenhum registro do ocorrido. Cabe lembrar que inclusive nas propagandas o fato foi relatado.

Poucas modificações puderam ser feitas para 1968, uma vez que não havia tempo para grandes análises pela nova proprietária da empresa.

O Aero-Willys 1968 era praticamente o mesmo do ano anterior.

Nesse ano o Aero-Willys começou a perder espaço na mídia, mesmo a Ford se esforçando para manter os modelos Willys num lugar digno dentro de sua linha de produtos, uma vez que eles ainda tinham um público fiel. Ao contrário do que muitos pensavam, a Ford manteve em sua estratégia de marketing uma forte conotação de família e luxo para os Aero-Willys e Itamaratys.

A imprensa especializada então se ocupava com notícias mais quentes e que de alguma forma atingiam diretamente o Aero-Willys e o Itamaraty, como o badaladíssimo Projeto 676 da General Motors do Brasil, já chamado Opala, com lançamento previsto para o Salão do Automóvel no final do ano. "Como será a frente do carro?" "A velocidade chegará a 200 km/h?" Essas eram perguntas que agitavam a imprensa e os entusiastas em geral. Outra novidade era a indicação de que a Chrysler fabricaria por aqui o moderno Dodge Dart já em 1969, provavelmente com o poderoso e desejado motor V-8. Isso sem falar no recém-lançado Galaxie, muito testado pelas revistas especializadas.

Mas como diz o ditado: quem foi rei jamais perde a majestade; os modelos Aero-Willys e Itamaraty continuaram sua heroica jornada. Nesse ano os carros ganharam algumas poucas novidades: novas cores, novo estofamento e pequenos aperfeiçoamentos.

A Ford tinha ciência de que a procura pelos Aero-Willys e pelos Itamaratys ainda era relativamente grande. Um bom exemplo era a preferência por esses carros da maioria dos prefeitos e vereadores de todo o Brasil, além dos políticos de Brasília, que ainda o consideravam um carro de status. O Comando Militar do Leste em São Paulo, por exemplo, manteve dois Aero-Willys (um 1965 e outro 1971) até meados dos anos 1980 em sua frota.

As vendas para o público em geral continuavam satisfatórias, apesar de apresentar sinais de enfraquecimento (de 13.672 unidades em 1967 caiu para 10.575 unidades em 1968, entre Aero-Willys e Itamaraty). Havia ainda uma fatia de compradores fiéis, pois sabiam que se tratava de um carro robusto, confortável e com grande assistência técnica, afinal eram 445 concessionárias em todo o país, resultado do grande sucesso de vendas dos carros Willys nos últimos sete anos. Era a opção mais barata de carro de luxo. Um Itamaraty podia ser comprado por 21.663 cruzeiros novos contra 27.079 cruzeiros novos do Galaxie(preços de novembro de 1969).

O Itamaraty não recebeu nenhuma modificação e perdeu compradores para o Ford Galaxie.

A Ford não havia promovido mudanças nos carros, mas justificava em propagandas que os Aero-Willys e Itamaratys haviam vencido todos os testes rigorosos por ela realizados e prometiam garantia de 20.000 km ou doze meses. Ainda dizia que eles possuíam uma mecânica altamente confiável, mas se numa viagem longa o motorista precisasse de alguma assistência, com certeza encontraria uma oficina autorizada Willys pronta para atendê-lo.

Apesar de oficialmente as modificações terem sido pontuais, um Aero-Willys nos chama a atenção, pois foi vendido em setembro de 1968 para a Motores Perkins, que não só transformou como legalizou e vendeu no final de 1971 um Aero-Willys com motor Perkins Diesel. Coincidência ou um projeto abandonado?

As vendas do Aero-Willys e do Itamaraty sofreram também porque o consumidor brasileiro estava desconfiado da Ford, pois no Brasil já havia certa tradição de a empresa compradora sempre descontinuar os produtos da empresa comprada. Afinal, quem queria ter um carro 0-km que em poucos meses estaria fora de linha? Apesar disso, as vendas caíram menos do que se esperava e o público ainda se surpreenderia com a longevidade da linha Willys sob o controle da Ford.

Concorrentes

No Salão do Automóvel de novembro de 1968, como se esperava, a GMB lançou o cobiçado Opala, no início com quatro portas, motores de quatro e seis cilindros, sendo que esse último concorria diretamente com o Aero. O novo carro da GMB tinha como base a carroceria do Opel Rekord alemão,

A General Motors lançou o Opala, que logo se tornou um grande sucesso de vendas.

porém equipado com motor Chevrolet. Se não era um projeto moderno, pelo menos era menos antigo que o da concorrência. Quando equipado com motor de seis cilindros, o Opala podia atingir até 170 km/h, passando a ser o carro de série mais veloz até então fabricado no Brasil.

A Chrysler queria limpar a imagem herdada pelos problemáticos Simcas e enviou alguns Esplanadas para Detroit a fim de passarem por testes rigorosos. Após a análise dos produtos brasileiros que carregariam a marca Chrysler, a empresa decidiu relançar o Esplanada totalmente reestilizado, com novos faróis e grade na frente, e novas lanternas traseiras, além do interior totalmente redesenhado. Para provar que seus produtos estavam bem mais confiáveis, a Chrysler oferecia, de forma inédita no Brasil, uma garantia de dois anos, atraindo muitos consumidores, o que provocou um aumento considerável nas vendas. Havia ainda fortes rumores de que a Chrysler já estava testando o Dodge Dart americano para lançá-lo no Brasil num futuro não muito distante.

O FNM, agora rebatizado FNM 2150, ganhou um pequeno tratamento cosmético e um motor mais potente. Apesar de ser um projeto desatualizado, ainda era cobiçado e mereceu inclusive um teste na *Quatro Rodas* de junho, que afirmava que desde o lançamento o carro não tinha mudado quase nada. Nesse ano a FNM deixou de ser uma estatal, e a própria Alfa Romeo assumiu seu controle.

FNM 2150, ligeiramente reestilizado e com motor mais potente.

As vendas no mercado de sedãs grandes se comportaram da seguinte forma:

TABELA DE VENDAS EM 1968

MODELOS	VENDAS	PORCENTAGEM
FNM 2000	1.108	3,8 %
Chrysler Esplanada	5.960	20,4 %
Chrysler Regente	2.150	7,4 %
Aero-Willys	7.365	25,2 %
Itamaraty	3.210	11 %
Galaxie	6.175	21,2 %
LTD/Landau	1.014	3,5 %
Opala*	2.171	7,5 %
TOTAL	29.153	100 %

* Carro lançado no final de 1968.

Novo visual da revenda Ford-Willys.

1969 – A TECNOLOGIA FORD SE FAZ PRESENTE

Em 1969, a presença da Ford nos produtos Willys foi sentida com mais intensidade, principalmente nos modelos Aero-Willys e Itamaraty. Os automóveis inclusive ganharam oficialmente um novo "sobrenome", passando então a se chamar Ford Itamaraty e Ford Aero-Willys.

O Aero foi rebatizado de Ford Aero-Willys e recebeu melhorias mecânicas herdadas do Galaxie.

Eles receberam melhorias mecânicas já determinadas pela engenharia da Ford, como novo sistema de embreagem, melhor sistema de freios com tambores e lonas do Galaxie, suspensão aperfeiçoada, eixo traseiro mais reforçado, amortecedores mais duráveis e câmbio com novas vedações, que permitia trocas de marchas mais suaves (o câmbio de quatro marchas da Willys ainda era considerado um dos melhores até então fabricados no Brasil). Houve também maior cuidado em toda a vedação do carro, diminuindo ruídos. Outra novidade era o diferencial autobloqueante opcional, que facilitava o carro a vencer pistas escorregadias ou lamacentas.

A Ford anunciava uma nova calibração no motor e estabeleceu um novo cálculo de potência. Com isso os motores passaram a desenvolver 130 cv no Aero-Willys e 140 cv no Itamaraty.

Agora renomeado de Ford Itamaraty, ganhou nova grade, com novo símbolo no centro.
O emblema Itamaraty vinha agora em letra cursiva, deslocado à direita.

Esteticamente não foram promovidas muitas modificações: o Aero--Willys manteve sua frente inalterada, o Itamaraty ganhou uma grade mais simples na qual o frisado foi substituído por um fundo preto-fosco, o WO central foi substituído por um novo símbolo prateado (uma espada) com fundo preto, o "Itamaraty" do capô foi substituído por um novo, escrito em letra cursiva e colocado ao lado direito próximo à grade, o ornamento do capô foi eliminado, o estofamento passou a usar os mesmos materiais que o Galaxie, além de um novo emblema "3000" na lateral. O Itamaraty já não vinha com painel de jacarandá, mas sim com uma imitação de plástico (que no teste da *Quatro Rodas* ficou "cheio de bolhas"...). Já o Aero--Willys trazia o painel de mesmo formato, mas em metal prateado. Ambos ganharam novos limpadores de para-brisa herdados do Galaxie. Como podemos notar, muitas das inovações eram, na verdade, uniformização de materiais para baratear e facilitar a produção. Os luxos estavam sumindo, e, assim como o painel de jacarandá deixou de existir, o belo estojo de ferramentas do Itamaraty já não era oferecido aos compradores.

Em 1969, o painel de instrumentos não era mais de madeira e sim revestido de uma imitação de plástico.

Os automóveis da Willys ainda despertavam algum interesse, pois a *Quatro Rodas* realizou um teste com o Itamaraty em junho e constatou que apesar da idade do projeto o automóvel ainda estava em boa forma. A velocidade máxima continuava em torno de 142 km/h, e as acelerações tiveram uma melhora em relação ao modelo do ano anterior, devido ao aumento da potência. Para percorrer 1 km, que antes era feito em 38,9 segundos, agora se precisava de apenas 36,4 segundos. E para se ir de 0 a 100 km/h bastavam 15,2 segundos, o que antes exigia quase 19 segundos, nada mau para um carro que vazio pesava quase 1.500 kg.

No Aero-Willys esse painel era de metal prateado.

Concorrentes

Com a chegada do Opala, nesse ano, alguns compradores que queriam adquirir um carro 0-km na mesma faixa de preço do Aero-Willys e do Itamaraty passaram a ter uma dúvida, ou melhor, mais uma opção: comprar o novo carro da GMB de concepção mais moderna, mas sujeito a defeitos comuns em carros recém-lançados ou adquirir um Aero-Willys, que apesar de antigo era altamente robusto e confiável? Nessa época o Itamaraty custava o mesmo preço do Opala Luxo de seis cilindros, o então topo de linha. Já o Aero-Willys tinha praticamente o mesmo preço do Opala Luxo de quatro cilindros. Mas o tempo provou que a maioria acabou optando pelo Opala, que nesse ano se tornou um grande sucesso com impressionantes 25.317 unidades vendidas. Para alimentar ainda mais uma faixa de mercado sedenta por novidades, especulava-se que brevemente a Chrysler lançaria o Dodge Dart, virtual substituto do Esplanada, de concepção ainda mais moderna e mais forte, já que era praticamente idêntico ao modelo americano de 1968.

As discussões relativas à continuidade da fabricação dos carros Willys continuavam, o que não ajudava nas vendas, sendo que uns apostavam que o carro sobreviveria por mais alguns anos, tendência alimentada pela própria propaganda da Ford, e outros garantiam que o Aero estava no seu último ano de vida.

Com a chegada do Dodge Dart da Chrysler – um novo produto no mercado brasileiro, com novas e mais modernas opções –, o consumidor já não procurava tanto os velhos carros da Willys.

No final do ano, como já era esperado, a Chrysler lançou o aguardado Dodge Dart, somente na versão de quatro portas, cujo sucesso foi imediato. Apenas nos dois meses em que o carro foi vendido no ano, 3.281 Darts encontraram novos donos, praticamente a mesma quantidade que o Aero vendeu no ano inteiro. Porém, com a chegada do Dart, outro automóvel baseado nos pioneiros deixou de existir. Com o fim do Esplanada, não sobrou mais nenhum produto que lembrasse a Simca. O FNM continuava com baixa produção e pouca ou nenhuma modificação.

Com o sucesso do Opala e a chegada do Dart, além dos boatos de que o Aero sairia de linha, as vendas nesse ano caíram radicalmente, algo em torno de 55 por cento. A Ford já dava sinais de desinteresse em continuar fabricando um carro com vendagem tão baixa, porém a produção continuou por mais dois anos.

As vendas nesse ano se comportaram de acordo com o registro da tabela abaixo:

TABELA DE VENDAS EM 1969

MODELOS	VENDAS	PORCENTAGEM
FNM 2150	502	1,1 %
Chrysler Esplanada	3.610	8 %
Chrysler Regente	1.563	3,5 %
Dodge Dart	3.281	7,3 %
Aero-Willys	3.372	7,5 %
Itamaraty	1.590	3,5 %
Galaxie	2.456	5,5 %
LTD/Landau	3.167	7 %
Opala	25.315	56,4 %
TOTAL	44.858	100 %

Propaganda mostrando as inovações da linha Willys, promovida pela Ford.

1970
A DECISÃO DE HENRY FORD II

Em 10 de fevereiro de 1970, o futuro dos automóveis de passeio da Willys estava nas mãos de Henry Ford II, quando o Departamento de Estilo da Ford apresentou um projeto com as modificações que podiam ser executadas nos modelos Aero-Willys e Itamaraty, para dar fôlego à continuidade da produção.

Foto publicitária da linha Ford-Willys para 1970.

Na ocasião o Departamento de Estilo preparou alguns protótipos para avaliação, como possíveis modelos 1970: um Galaxie e um LTD com pequena reestilização (que logo foram aprovados), além de um Aero-Willys e dois Itamaratys.

Na verdade, o Aero-Willys e os Itamaratys tinham frentes falsas, somente para reproduzir o que poderia ter sido o futuro dos dois modelos.

O Aero era azul metálico e o Itamaraty tinha um modelo prateado com as luzes direcionais como continuidade dos faróis e outro bege com os faróis sem essas luzes. Tinham as frentes totalmente remodeladas e sob inspiração dos Lincolns, porém eram visualmente pesadas, quadradas demais e pouco atraentes.

As propostas de mudanças para a linha Aero tinham de ser aprovadas por Henry Ford II, o que não ocorreu com nenhuma delas.

Caso algum projeto fosse aprovado havia ainda a opção de adaptar o motor V-8 do Galaxie. Nenhum dos três protótipos agradou Henry Ford II, que chegou a pedir alguns retoques, que no fundo era uma reprovação e quase uma pena de morte para os carros da Willys, fato ainda negado pela Ford.

Dessa forma chegou ao fim a polêmica da continuidade ou não da produção dos automóveis Willys, porém a Ford manteve a propaganda ativa, inclusive num encarte denominado "Guia do comprador – Escolha aqui o seu veículo brasileiro para 1970", onde apresentava toda a sua linha de veículos, inclusive os caminhões. O fim do Aero-Willys estava cada vez mais próximo.

O Itamaraty e o Aero-Willys mereceram duas páginas do encarte sob o título "Dois grandes carros para a família", com texto destacando as qualidades do Itamaraty, que:

"[...] é para pessoas que conhecem o que é bom. O que é sóbrio. Para as pessoas que se emocionam com a potência da máquina. Com a beleza exterior e com o acabamento primoroso. Se você é assim, você é um apaixonado pelo Itamaraty. Dirija um. Sinta o poder do valente motor de 140 cv. As quatro marchas que aproveitam toda a força do motor. Observe as linhas sempre atuais do novo Itamaraty. Observe também como é sólida a estrutura. Veja o espaçoso e luxuoso interior. O Itamaraty é o mais espaçoso de sua categoria. Sinta o conforto."

O Aero-Willys, por sua vez, não ficava atrás, pois, além de lembrarem de suas origens em 1960, de sua robustez e bom comportamento nas estradas de todo o Brasil, mencionavam "que foi testado em Detroit". No final, lembravam o consumidor que "quando você compra um Aero ou Itamaraty você está comprando um Ford".

Os protótipos tinham a frente falsa, realizada pelo Departamento de Estilo da Ford-Willys.

Numa outra peça publicitária do Itamaraty Ford, a chamada era: "Já que você escolhe sempre o melhor, tenha o melhor carro possível". A Ford ainda apostava num público fiel ao luxo, porém eventualmente sem con-

dições de adquirir um Galaxie 500 por 38.000 cruzeiros ou um Landau automático com ar-condicionado por 48.000 cruzeiros, enquanto um Aero-Willys custava 22.000 cruzeiros e um Itamaraty saía por 25.000 cruzeiros .

O Itamaraty vinha com o motor de 140 cv, quatro marchas, além de rádio e diferencial autobloqueante como opcionais. Já o Aero vinha com a mesma composição, porém com o motor de 130 cv e, como opcional, o motor de 140 cv. Outros opcionais oferecidos eram protetores para os para-choques dianteiros, tampa do tanque com chave, cintos de segurança, rádio, alto-falante traseiro, extintor de incêndio, triângulo de segurança e pneus de faixa branca. Externamente, pouco ou nada mudou desde 1969.

Coincidência ou não, nesse ano, a Ford anunciava que não mais faria remodelação no Aero-Willys e no Itamaraty, que deixariam de ser fabricados em 1971.

No 7º Salão do Automóvel o estande da Ford-Willys tinha como novidades as mudanças da linha Galaxie e LTD. Já os Aeros e Itamaratys, que praticamente foram esquecidos durante o ano pelas revistas especializadas, apareceram de forma tímida. Como racionalização de custos, a Ford decidiu aproveitar ainda mais peças do Galaxie, agora emprestando as calotas, assim o Itamaraty vinha com as calotas maiores e o Aero com as calotas do modelo Galaxie Standard, menor e mais simples. E a iluminação interna ganhou uma luminária única e colocada no centro do teto, igual a usada no Corcel (substituindo as anteriores, colocadas nas colunas centrais).

Segundo relatos de ex-funcionários da Willys, Henry Ford II, na ocasião da sua visita ao Brasil, percebeu que tanto o Aero-Willys como o Itamaraty não possuíam emblemas da Ford em nenhum lugar do carro. O Departamento de Estilo tratou logo de corrigir a falha e os espalhou pelo veículo, colocando-os na frente, na tampa do porta-malas e na lateral do para-lamas. No Itamaraty, o logotipo foi aplicado também no miolo do volante e nos protetores de batentes das portas.

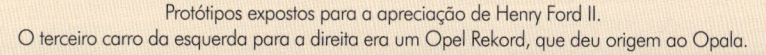

Protótipos expostos para a apreciação de Henry Ford II.
O terceiro carro da esquerda para a direita era um Opel Rekord, que deu origem ao Opala.

Mas as vendas foram irrisórias, pois, com tanta novidade no mercado, pouca gente se lembrou dos velhos carros da Willys, e apenas 2.204 carros foram vendidos durante o ano (1.370 Aeros e 834 Itamaratys).

Concorrentes

Depois do lançamento do Opala, o mercado deixava claro que a Ford precisava de um produto que pudesse concorrer diretamente com o novo automóvel da GMB, coisa que seria impossível com o Aero, por mais que fosse reestilizado. Já eram flagrados dentro da Ford alguns Taunus importados, fabricados na Alemanha. O Taunus era concorrente direto do Opel Rekord, o modelo da divisão alemã da General Motors que serviu de base para a criação do brasileiro Opala. Por terem dimensões bem próximas eles poderiam também brigar em igualdade de condições no mercado brasileiro.

O 7º Salão do Automóvel teve como novidades os esportivos Opala SS (à esquerda) e Charger RT (à direita).

No final de 1970 ocorreu o 7º Salão do Automóvel no recém-inaugurado Pavilhão de Exposições do Anhembi (onde são realizados ainda hoje). As novidades eram muitas: o Opala lançou a versão esportiva denominada SS, porém ainda na versão de quatro portas, uma vez que a versão de duas portas ainda não havia sido lançada. A Chrysler apresentou o cobiçado cupê de duas portas e sua variação esportiva chamada de Charger R/T, que logo se tornou um sonho de consumo para o brasileiro. O FNM 2150 foi ligeiramente reestilizado, principalmente pela nova grade dianteira, e a linha ainda ganhou um modelo diferenciado, com bancos esportivos individuais e alavanca de câmbio no assoalho.

As vendas durante esse ano se comportaram da seguinte maneira:

TABELA DE VENDAS EM 1970

MODELOS	VENDAS	PORCENTAGEM
FNM 2150	1.236	2 %
Dodge Dart	9.788	16,4 %
Dodge Charger	211	0,35 %
Aero-Willys	1.370	2,3 %
Itamaraty	834	1,4 %
Galaxie	1.923	3,2 %
LTD/Landau	2.216	3,7 %
Opala	42.094	70,5 %
TOTAL	59.672	100 %

No final de 1970, o Aero e o Itamaraty apareceram de forma tímida no estande da Ford no 7º Salão do Automóvel, sinalizando que o seu fim estava próximo.

1971 – O FIM DE UMA ERA

O derradeiro ano de produção foi 1971, quando os últimos Aero-Willys saíram da linha de montagem em setembro. Mas segundo tabela da Anfavea algumas poucas unidades foram vendidas até o primeiro trimestre de 1972.

Assim chegou ao fim a história de um dos automóveis pioneiros do Brasil. Até o final dos anos 1960 o Aero sempre foi o campeão de vendas em sua categoria, mas sucumbiu à chegada de novos produtos no mercado e ao peso da idade. Sem dúvida alguma saía de cena um dos automóveis preferidos pelos consumidores e que marcou época no nosso mercado.

Panfleto distribuído pela Ford no Salão do Automóvel no final de 1970. Ainda havia uma esperança de que a linha Aero continuasse.

Nesse ano, a Ford já tinha escolhido seu substituto. O virtual concorrente do Opala seria o Maverick, cujo lançamento ocorreria em 1973, e não mais o Taunus, que era o modelo especulado desde 1969. Para surpresa geral e por que não dizer decepção, o novo Ford usaria o motor do Itamaraty, ou

Em seu último ano de produção, o Aero-Willys ganhou as calotas do Galaxie Standard e os emblemas Ford espalhados pela carroceria, modificações apresentadas no Salão do Automóvel no final de 1970.

Apresentado no Salão do Automóvel no final de 1970, o Itamarary ganhou as calotas do Galaxie modelo Luxo e, como o Aero, emblemas Ford espalhados pela carroceria.

seja, o "coração" do velho Willys continuaria batendo forte por mais alguns anos após ser aperfeiçoado, principalmente no que se refere à durabilidade e ao consumo, tanto de óleo como de combustível. Foram redesenhados os pistóes, bronzinas, mancais, cabeçote e coletor de escapamento, o sistema de lubrificação, além de um rudimentar sistema que resfriava o sexto cilindro (que apresentou aquecimento somente quando em uso no Maverick) através de uma mangueira que corria paralela ao bloco do motor. O filtro de ar foi modificado para ser usado filtro de papel. Segundo a imprensa da época, até o barulho do motor havia mudado, mas para o público era o motor do Itamaraty que impulsionava o novo Maverick, o que naquele momento não era um bom argumento de vendas.

Durante os dezenove anos de existência da Willys do Brasil, onze anos da linha Aero e cinco anos da linha Itamaraty, foram produzidos 99.621 Aeros e 17.216 Itamaratys. Só para recordar o que já foi dito anteriormente e para que possamos entender a diferença de tamanho entre o mercado americano e o brasileiro na época, em três anos (1952-1955) foram produzidos em diversas versões 92.046 Aeros nos Estados Unidos!

Os concorrentes continuavam

O Aero deixou de existir, mas seus concorrentes mais recentes continuavam na batalha. O Opala nesse ano ganhou uma versão luxuosa chamada Gran Luxo e, no fim do ano, toda a linha passou a contar com a cobiçada carroceria cupê. A vida do Opala foi muito longa, pois foi produzido até 1992, passou por uma reestilização em 1975, quando o Gran Luxo passou a se chamar Comodoro, e recebeu a versão perua, chamada Caravan. Em 1980 o carro passou por outra grande mudança visual, quando o modelo topo de linha passou a se chamar Diplomata, com o Comodoro como versão intermediária. O Opala enfrentou muito bem a forte crise do petróleo de 1973 por possuir uma versão de motor com quatro cilindros, obviamente mais econômica. Se a linha Aero-Willys tivesse sobrevivido por mais tempo dificilmente aguentaria essa nova realidade, pois seu motor de seis cilindros não atendia aos novos padrões de economia; aliás, o Maverick de seis cilindros sentiria esse problema de forma direta. O último Opala saiu da linha de montagem em abril de 1992, depois de quase 1 milhão de carros produzidos.

Como foi dito, nesse ano o Dart ganhou a versão esportiva chamada Charger R/T. Mas a Chrysler só dispunha do motor V-8 para seus carros e sentiu o duro golpe da crise do petróleo, e as vendas despencavam ano a ano, culminando com o seu fim em 1981.

O Galaxie, com seu motor V-8, também sofreu com a crise do petróleo, porém continuou sendo bem aceito entre as classes mais ricas, que não se importavam muito com os crescentes aumentos da gasolina, o que lhe garantiu uma sobrevida um pouco maior que a do Dart. O Galaxie ganhou uma total reestilização em 1976, sendo que a versão topo de linha passou a se chamar Landau, com os modelos LTD como intermediário e Galaxie 500 como versão de entrada. O último Galaxie saiu da linha de montagem em 1983, depois de 77.850 unidades vendidas.

O FNM deixou de ser fabricado em 1973, dando lugar ao seu substituto, o Alfa Romeo 2300, cujo projeto era bem mais moderno.

1972 – ELES EXISTIRAM

Sim, a Ford havia preparado o Itamaraty 1972, sóbrio, elegante e com a classe de sempre. Não temos o que comentar, pois as fotos dizem tudo.

1973 OU 1974, QUEM SABE?

É apenas um pequeno modelo, porém, apesar de concebido ainda na década de 1960, nos mostra que a Willys estava se preparando para reestilizar a linha Aero/Itamaraty e assim enfrentar a concorrência dos novos e ameaçadores Opalas, Darts e Mavericks. Perfil baixo, linhas simples e elegantes, além da marca registrada na frente inconfundível.

    Infelizmente não houve tempo.

Capítulo 4

OUTROS WILLYS

O JEEP

Modelo caracterizado por eficiência e durabilidade, foi o primeiro veículo a ser produzido pela Willys-Overland do Brasil, sendo no início montado com peças importadas dos Estados Unidos e comercializado sob o nome Jeep Universal. Em 1957 passou a ser fabricado em São Bernardo do Campo.

O robusto Jeep da Willys, depois fabricado pela Ford até 1986.

Enquanto fabricado pela Willys, sempre foi equipado com o motor de seis cilindros e 90 cv de potência, ganhando em 1975 o motor Ford 2300 de quatro cilindros.

Era oferecido nas versões Jeep Universal, Jeep "101" de duas portas e Jeep "101" de quatro portas, sendo que estas duas últimas versões tinham a distância entre eixos 50,8 cm maior do que o Universal.

A RURAL

Outro modelo também derivado da Willys station wagon americana foi produzido no Brasil sob o nome Rural, assim como em várias outras partes do mundo, incluindo a Argentina, onde foi denominado Estanciera pela fabricante IKA – Industrias Kaiser Argentina.

Lançada pela Willys-Overland do Brasil em julho de 1956 com o mesmo desenho do modelo americano, teve sua frente remodelada pelo desenhista americano Brook Stevens em 1960, ganhando

A primeira Rural feita no Brasil, em 1956.

no ano seguinte a versão pickup. Foi produzida nas versões 4x2 e 4x4, sempre (enquanto Willys) equipada com o motor de seis cilindros, idêntico ao do

A Rural reestilizada, em 1960.

A versão pickup.

Jeep. Com algumas modificações na suspensão e no acabamento interno, algumas versões passaram a ser consideradas também para tráfego urbano.

Após adquirir a Willys em 1967, a Ford decidiu continuar a produção da Rural, por entender que sua vendagem era satisfatória, além de ter poucos concorrentes. Em 1969 havia duas versões, a luxo e a básica. No ano seguinte a Rural ganhou o mesmo motor do Itamaraty, de 132 cv. Com a crise do petróleo, que desde 1973 assombrava o mundo, a Ford decidiu adaptar um motor de quatro cilindros (2.300 cm^3) em 1975, o mesmo que também seria usado no Maverick e no Jeep, além de ser exportado.

A Rural foi produzida até 1977, mas a versão pickup duraria até meados de 1982.

O DAUPHINE, O GORDINI E SUAS VARIAÇÕES

Resultado da participação acionária da Renault na Willys, o Dauphine foi o primeiro automóvel de passageiros lançado pela Willys-Overland do Brasil, em 1959. Era um automóvel prático, econômico e com bom espaço interno para sua categoria. Porém, era equipado com um pequeno motor de 31 cv e tinha a fama de não ser resistente o suficiente para suportar as más pavimentações das ruas e das estradas brasileiras. Foi produzido até 1965.

O pequeno Dauphine de 31 cv tinha a fama de ser frágil e, aos poucos, foi substituído pelo Gordini.

Lançada em 1962 com a mesma carroceria do Dauphine, a série Gordini, Gordini II e Gordini III veio com poucas modificações estéticas, porém mais reforçado (o que aumentou seu peso em 25 kg) e com um motor mais potente, que, como dizia a propaganda da época, proporcionava "40 cv de emoção". Foram fabricados de 1962 até 1967.

Mantendo as mesmas características dos modelos Gordini e Gordini II, foram fabricados os modelos Teimoso e Teimoso II, entre 1965 e 1966, abso-

O modelo 1093 era o mesmo Gordini, com motor mais potente.

lutamente despojados de qualquer item de luxo. Esses modelos eram contemporâneos do Volkswagen Pé de Boi, do Simca Alvorada e do DKW Pracinha.

Uma versão ainda mais forte surgiu com o lançamento do modelo 1093, fabricado entre 1964 e 1965 com o motor capaz de desenvolver 53 cv de potência.

Depois da aquisição da Willys, a Ford não pôde continuar a produção desses veículos, por razões contratuais, como vimos anteriormente.

OS INTERLAGOS

No 2º Salão do Automóvel, a Willys apresentou o Interlagos, um pequeno (e logo cobiçado) carro esporte, que se tornou uma das grandes vedetes do evento.

Seu nome foi escolhido pelo publicitário Mauro Salles e era uma alusão ao Autódromo de Interlagos, em São Paulo. O nosso esportivo era cópia do famoso Alpine A-108 (1956-1963) e foi o primeiro carro brasileiro com carroceria em plástico reforçado com fibra de vidro. O Interlagos era vendido sob encomenda e tinha três versões: cupê, berlineta e conversível.

O esportivo em suas três versões: Berlineta (acima, à esquerda), muito bem-sucedida nas pistas, cupê (acima, à direita) e conversível (embaixo).

O motor era o mesmo do Gordini, de 845 cm^3 (40 cv), mas mudanças realizadas pela Willys, como troca de diâmetro dos cilindros, disponibilizaram mais duas outras versões: 904 cm^3 (56 cv) e 998 cm^3 (70 cv), esta última somente disponível para a berlineta, que podia atingir velocidades superiores a 160 km/h.

A linha Interlagos esteve disponível até 1966. Como a produção da carroceria era quase artesanal, apenas 822 unidades foram fabricadas. Hoje são peças cobiçadas pelos colecionadores.

O CAPETA

Lançado no 5º Salão do Automóvel, este lindíssimo esportivo nunca chegou a ser fabricado em série. Foi o primeiro grã-turismo brasileiro com construção em plástico reforçado com fibra de vidro, suspensão diferenciada e atraente painel, sempre com a tradicional base em jacarandá-da-bahia. A frente do carro ainda trazia a inspiração do desenho de Brook Stevens, que, como dissemos, foi marca registrada dos automóveis Willys após o lançamento da Rural reestilizada em 1961. Acredita-se que atingia a velocidade de 180 km/h. Hoje, felizmente, foi resgatado e encontra-se no Museu do Automóvel Brasileiro, em Brasília (DF).

Capeta, da Willys, um belo esportivo que nunca chegou a ser produzido em série.

O SACI

Apresentado no 1º Salão do Automóvel em novembro de 1960, o Saci era uma reedição do Jeepster, lançado no mercado americano em 1948 pela Willys. O carro exposto no salão era um protótipo com mecânica e carroceria da Rural com modificações para torná-lo conversível, como o modelo original.

O Saci nunca chegou a ser produzido, e não se sabe o paradeiro do exemplar exposto no salão.

O Saci apresentado no 1º Salão do Automóvel, em novembro de 1960.

	JK 1961	Aero-Willys 1962	Simca 1961	Aero-Willys 1963	Simca Tufão 1964	Itamaraty 1966	EmiSul 1966	Chrysler Esplanada 1967	Itamaraty 3000 1967
fabricado em	1959	1960	1959	1963	1964	1966	1966	1966	1967
comprimento total (m)	4,71	4,7	4,75	4,67	4,72	4,75	4,75	4,72	4,81
largura (m)	1,70	1,82	1,77	1,84	1,77	1,77	1,77	1,77	1,84
altura (m)	1,45	1,59	1,45	1,58	1,45	1,45	1,45	1,45	1,57
diâmetro de giro direito (m)	15,83	12,82	12,08	13,78	13,10	13,78	13,08	13,00	13,1
diâmetro de giro esquerdo (m)	13,83	13,42	12,30	13,20	11,95	13,20	12,90	11,40	12,9
velocidade máxima	157,5	120,30	135,4	129	136,4	141,73	160,79	155,17	144
0-1.000 m (segundos) velocidade atingida	26,1 / 135,5	43,42 / 118,3	43,1 / 123,5	44 / 125	43,1 / 123,5	43,1 / 123,5	43,1 / 123,5	38,0 / 125	39,4 / 123,5
0-40 m (segundos)	4,4	4,97	5,31	5,1	4,2	4,00	3,2	3,2	3,8
0-60 m (segundos)	7,5	7,62	9,48	9,00	8,4	7,8	5,3	5,2	7,2
0-80 m (segundos)	11,9	12,5	13,38	13,2	13,5	13,1	9,3	9,1	12,5
0-100 m (segundos)	17,8	16,8	26,68	21,1	23	21,2	14,3	13,0	19,0
espaço (m) para frear a partir de 100 km/h	42	40	49,98	41	38,5	49,98	52	52	49,98
consumo - rush (km/l)	4,1	4,65	4,07	5,08	5,5	5,8	3,9	4,5	4,03
70 km/h (km/l)	8,5	10,4	11,0	11,0	7,4	10,3	8,5	8,8	10,7
motor (cilindros, disposição, deslocamento)	4 em linha 2.000 cm³	6 em linha 2.638 cm³	8 em V 2.351 cm³	6 em linha 2.638 cm³	8 em V 2.351 cm³	6 em linha 2.638 cm³	8 em V 2.351 cm³	8 em V 2.505 cm³	6 em linha 3.014 cm³
cv/rpm	115/5.900	90/4.000	90/4.800	110/4.400	100/4.800	110/4.400	130/4.800	140/4.800	132/4.400
taxa de compressão	7,0:1	7,6:1	7,6:1	7,6:1	8:1	7,6:1	8,6:1	9,3:1	8,0:1
torque (kgm / rpm)	15,1/3.600	18,77/2.000	15,5/2.750	18,77/2.000	16,5/2.750	19,36/2.000	21/3.300	23/3.200	22,3/2.000
carburador	duplo Solex 35	Zenith DFV	Zenith - Stromberg 32 duplo	dois Zenith DFV	Zenith - Stromberg 32 duplo	Zenith DFV	Zenith - Stromberg 32 duplo	duplo Zenith DFV	Zenith - Stromberg 32 duplo

Capítulo 5

CURIOSIDADES

OS PRODUTOS ESPECIAIS

Poucas pessoas sabem, mas a Willys produziu importantes equipamentos através de sua Divisão de Produtos Especiais, localizada em Taubaté, junto à sua fundição. Nessa unidade eram produzidos grupos de geradores de solda, unidades de força, grupos geradores que utilizavam motores de seis cilindros e também motores Gordini de quatro cilindros.

Os geradores Willys (duas fotos de cima, à esquerda), o motor marítimo (embaixo, à esquerda) e o motor em ação (à direita).

Além desses equipamentos de uso industrial, eram fabricados motores marítimos que possuíam características próprias para o uso em embarcações. O Willys Marítimo utilizava o motor de seis cilindros, com dois carburadores que desenvolviam uma potência de 90 cv, enquanto o Gordini Marítimo usava o motor Gordini equipado com transmissão mecânica ou hidráulica com reversão.

Não se tem notícia de que a fabricação desses produtos tenha sido continuada pela Ford após a aquisição da Willys.

MEMORABÍLIA

Apesar de o mercado automobilístico nos anos 1960 não ter sido tão concorrido como é nos dias de hoje, as fábricas sempre inventavam maneiras criativas de atrair os consumidores. A Simca, por exemplo, presenteava o comprador do Présidence com um álbum de discos de músicas clássicas.

Mas no quesito brinde a Willys era campeã disparada, com uma gama enorme de peças promocionais, tais como: caneca de chope, cortador de papel, agenda, lápis, caneta, chaveiros, lata de tinta, xícara, Jeep de ouro em miniatura, carrinhos, bolha etc. Vejam fotos de alguns desses itens a seguir:

A WILLYS E O AUTOMOBILISMO NACIONAL

A Willys sempre procurou usar as competições esportivas não só como uma forma de promover seus produtos como também de aperfeiçoá-los, usando as pistas como verdadeiros laboratórios. A então conhecida Equipe Willys de Competição, com Gordinis e Interlagos pintados de amarelo com uma vistosa faixa verde, fazia durante a década de 1960 um grande trabalho em favor do desenvolvimento do automobilismo no Brasil. Em 1965, por exemplo, foram incorporados à equipe alguns Alpines A-110 1300 importados, que ajudaram no desenvolvimento do Projeto M, que resultaria no Corcel.

Não foram poucos os talentos revelados ou consagrados nos volantes da Equipe Willys, e podemos citar, por exemplo, Bird Clemente, Luiz Antônio Greco, Wilson Fittipaldi Jr., Luiz Pereira Bueno e o futuro campeão mundial de fórmula 1 Emerson Fittipaldi. Sem dúvida, só este capítulo do automobilismo nacional daria um livro.

FONTES DE CONSULTA

Livros

Bellu, René & Serge. *Toutes les Voitures du Monde – Dês années 60*. França: Éditions Retroviseur, 1994.

Brandenburg, Enio. *Automóveis Brasileiros*. Edição particular, 2003.

Brown, Arch. *Jeep the unstoppable legend*. Publicatios Int'l, 1994.

Carneiro, Glauco. *Cunha Bueno – História de um político*. São Paulo: Livraria Pioneira Editora, 1982.

Cipolla, Franco H. *Ika La aventura*. Argentina: Ediciones Del Boulevard, 2003.

Cipolla, Franco H. *La epopeya de 1954 Kaiser-Renault 1975*. Argentina: Ediciones Del Boulevard, 2004.

Clarke, R. M. *Kaiser-Frazer – Limited Edition*. Inglaterra: Brooklands Books Ldt.

Editora Abril. *Enciclopédia do Automóvel*. São Paulo: Abril, 1974.

Flammang, James M. *Chronicle of the American automobile*. Publications Int'l Ltd., 1994.

Gattás, Ramiz. *A indústria automobilística e a 2ª revolução industrial do Brasil*. Prelo Editora, 1981.

Gonçalves, Vergniaud Calazans. *Automóvel no Brasil*. São Paulo: Editora do Automóvel, 1966.

Gonzaga, Dória. *Manual de Automóveis*. São Paulo: Mestre Jou, 1971.

Gregson, Paul William. *Maverick*. São Paulo: Alaúde, 2007.

Langworth, Richard M. *Encyclopedia of American cars 1930-1980*. Nova York, (EUA): Beekman House, 1984.

Langworth, Richard M. *Kaiser-Frazer – The last onslaught on Detroit*. Automobile Quarterly Library, 1975.

Matteucci, Marco. *History of the motor car*. New English Library, 1970.

Rae, John B. *The American Automobile*. Estados Unidos: The University of Chicago Press, 1965.

Reis, Ciro Dias. *Salão do Automóvel – Trinta anos de história*. Anfavea – MD Editora, 1990.

Scheel, J. D. *Cars of the world*. Londres: Mathuen & Co. Ltd., (reimpressão) 1971. Sedgwick, Michael. *Cars of 50s and 60s*. Nova York (EUA): Beekman House, 1983.

Sodré, Roberto de Abreu. *No espelho do tempo*. São Paulo: Best Seller, 1995.

Wilkie, David j. *Esquire's American autos and this makers*. Nova York (EUA): Esquire Inc., 1963.

Wise, David B. *The Illustrated Encyclopedia of Automobiles*. Estados Unidos: Hamlyn, 1979.

Vieira, José Luiz. *A história do automóvel*. São Paulo: Alaúde, 2009.

Revistas

Automóveis e Acessórios. Rio de Janeiro: Editora H. D. Oliveira.

Fatos & Fotos. Rio de Janeiro: Bloch Editores, diversas edições.

Manchete. Rio de Janeiro: Bloch Editores, diversas edições.

Mecánica Popular. Edición em Español, diversas edições.

Mecânica Popular. Rio de Janeiro: Efecê Editora, diversas edições.

Mecânica Popular. 2º Salão do Automóvel, Rio de Janeiro: Efecê Editora.

Mundo Motorizado Nº 371. São Paulo: Sindicato da Indústria de Peças e Similares, 1960.

Peças e Serviços. Rio de Janeiro: Efecê Editora.

PN. Rio de Janeiro: Gráfica PN, diversas edições.

Quatro Rodas. São Paulo: Editora Abril, diversas edições.

Quattroruote Nº 133. Milano, Itália: Editoriale Domus, janeiro de 1967.

Autoesporte. Rio de Janeiro: Efecê Editora, diversas edições.

Raízes. São Caetano do Sul: Fundação Pró-Memória de São Caetano do Sul, 2000.

Realidade. São Paulo: Editora Abril, diversas edições.

Revista de Automóveis. Rio de Janeiro, 1952-1960.

Seleções do Reader's Digest, Tomo XLIX No. 289 - Editora Ypiranga S/A, 1966.

Visão. São Paulo, diversas edições.

Crédito das imagens

Legenda: A (no alto); B (embaixo); C (no centro); D (à direita); E (à esquerda).

A História do Automóvel – José Luis Vieira
    Página: 16B.

Anfavea / Cedoc
    Páginas: 42, 45B, 47 (duas de baixo), 48, 51, 52, 53 (duas de cima), 57, 61, 65, 71, 80A, 82A, 85B, 89B, 98E, 111, 114A, 124, 141, 149, 150B, 151, 152.

Arquivo pessoal de José Antonio Penteado Vignoli
    Páginas: 12, 13, 15, 16A, 17, 18, 19, 20, 21, 22, 23, 24, 25, 26, 27, 28, 29B, 32, 35B, 36, 37, 38, 39, 46, 49, 53B, 69, 70, 78, 88B, 89A, 92, 98D, 99 (foto maior), 103B, 104A, 113, 118, 119, 130B, 137, 138, 139, 145, 146, 155, 157, 158.

Arquivo pessoal de Rogério de Simone
    Páginas: 28A, 30, 43, 44, 45A, 54A, 55AD, 56, 62, 67, 68A, 79, 86A, 87, 94, 95D, 97B, 102, 106A, 112, 128, 131, 134A, 142B, 153, 154.

"Como nasceu o primeiro carro brasileiro", de Jean Manzon
    Páginas: 75A, 75BE, 76B, 77.

Foto feita por Rogério de Simone
    Páginas: 59, 64, 66, 68 (duas de baixo), 72, 80B, 81A, 82B, 85A, 88A, 90/91, 93, 95E, 97A, 99 (foto menor), 100, 101, 103A, 106B, 107, 108/109, 110, 114B, 115, 116, 117, 120, 125A, 127, 129, 132/133, 134B, 135, 140, 143.

Foto retirada do manual do proprietário
    Páginas: 34, 35A, 55C, 81B.

Propaganda de época
    Páginas: 47A, 50, 54B, 55AE, 55B, 84, 105, 122, 125B, 126, 130A, 136, 142A, 147, 150A.

Quatro Rodas – Editora Abril
    Páginas: 60, 75BD, 76A, 96, 104B.